ORGANIZAÇÃO DE EVENTOS

ORGANIZAÇÃO DE EVENTOS
Procedimentos e Técnicas

Sexta edição – revisada e atualizada

Marlene Matias

Mestre em Ciências da
Comunicação pela ECA-USP

Copyright © Editora Manole Ltda., 2013, por meio de contrato com a autora.

Editor gestor: Walter Luiz Coutinho
Editora responsável: Ana Maria da Silva Hosaka
Produção editorial: Pamela Juliana de Oliveira, Marília Courbassier Paris
Editora de arte: Deborah Sayuri Takaishi
Projeto gráfico e editoração eletrônica: Luargraf Serviços Gráficos Ltda.
Capa: Tereza Kikuchi

Dados Internacionais de Catalogação na Publicação (CIP)
(Câmara Brasileira do Livro, SP, Brasil)

Matias, Marlene
Organização de eventos: procedimentos e técnicas/Marlene Matias. – 6.ed. – Barueri,SP: Manole, 2013

Bibliografia.
ISBN: 978-85-204-3581-6

1. Eventos especiais – Administração I. Título.

13-01362　　　　　　　　　　　　　　　　　　　　　　　　　　CDD-060.6

Índices para catálogo sistemático:
1. Eventos: Organização　060.6
2. Organização de eventos　060.6

Todos os direitos reservados.
Nenhuma parte deste livro poderá ser reproduzida,
por qualquer processo, sem a permissão expressa dos editores.
É proibida a reprodução por xerox.

A Editora Manole é filiada à ABDR – Associação Brasileira de Direitos Reprográficos.

1ª edição – 2001.
2ª edição – 2002.
3ª edição – 2004.
4ª edição – 2007.
5ª edição – 2010.
6ª edição – 2013.

Direitos adquiridos pela:
Editora Manole Ltda.
Av. Ceci, 672 – Tamboré
06460-120 – Barueri – SP – Brasil
Fone: (011) 4196-6000 – Fax: (011) 4196-6021

www.manole.com.br
info@manole.com.br

Impresso no Brasil
Printed in Brazil

Agradecimentos

A Maria José Giaretta, Claudia Moraes, Durval Souto, Dirce Lourimie Fernandes e Paulo de Assunção, pelo estímulo, apoio e confiança.

A Deus, por ter me guiado e dado forças para vencer mais esse desafio de minha vida.

Sumário

Apresentação	XIII
Prefácio da primeira edição	XVII
Prefácio à sexta edição	XIX
Lista de abreviaturas	XXI
Lista de quadros	XXIII
Introdução	XXVII

PARTE I
FUNDAMENTOS ECONÔMICOS, HISTÓRICOS E SOCIAIS DOS EVENTOS 1

Capítulo 1
Evolução histórica: dos eventos ao turismo de eventos 3

As origens dos primeiros eventos 3

Evolução dos eventos: dos eventos religiosos ao surgimento do turismo de eventos 4
   Os eventos religiosos: os concílios e as representações teatrais 7
      Os principais concílios 7
      Representações teatrais 17
   Os eventos comerciais: as feiras comerciais 17
   Os primeiros eventos científicos e técnicos: o surgimento do turismo e do turismo de eventos 20

A consolidação do turismo de eventos 22

    O surgimento dos eventos e do turismo de eventos no Brasil   40
Organização e profissionalização do segmento de eventos,
do turismo e do turismo de eventos: organismos e entidades   52
Resumo   56
Exercícios   57

Capítulo 2
O turismo de eventos no contexto do turismo atual   59

Conceitos de turismo e de turismo de eventos   59
O turismo no mundo   60
    O turismo de eventos no contexto do turismo internacional   69
        Associados do Brasil na ICCA   84
    Promoção e marketing turístico: importância e responsabilidade   84
O turismo no Brasil   86
    O turismo internacional no Brasil e os impactos do
    turismo de eventos   88
    Impacto econômico dos eventos internacionais no Brasil   101
    O turismo doméstico   104
    Dimensionamento econômico do setor de eventos no Brasil   107
    Política nacional de turismo e recursos orçamentários   108
Resumo   112
Exercícios   112

PARTE II
COMPREENDENDO O QUE É EVENTO   113

Capítulo 3
Conceitos, classificação e tipologia   115

Conceitos   115
Classificação   116
    Em relação ao público   116

Em relação à área de interesse	116
Em relação ao número de participantes	117

Tipologia	**117**
Resumo	**125**
Exercícios	**125**

PARTE III
ASSOCIAÇÕES, EMPRESAS E/OU INDÚSTRIAS PROMOTORAS DE EVENTOS E ESTRATÉGIAS PARA O DESENVOLVIMENTO DE EVENTOS — 127

Capítulo 4
A estrutura jurídica das organizações promotoras de eventos — 129

Características dos eventos associativos e corporativos	130
Dos eventos associativos	130
Dos eventos corporativos	131
Influências das características dos eventos no processo de planejamento	132
Nos eventos associativos	132
Nos eventos corporativos	132
Resumo	**133**
Exercícios	**133**

Capítulo 5
O processo de captação de eventos — 135

Captação de eventos internacionais	135
Preparação da captação	135
Captação	138
Pós-captação	139
Captação de eventos nacionais	**139**

Preparação da captação	139
Captação	140
Pós-captação	140
Resumo	**140**
Exercícios	**140**

Capítulo 6
A contratação da empresa organizadora de eventos — 141

Processo de concorrência	141
Processo de licitação	142
Tipos de contrato	146
Contrato de administração	146
Contrato de empreitada	147
Contrato por incentivo	147
Contrato de percentual sobre patrocínios	148
Contrato misto	148
Administração de contratos	149
Resumo	**149**
Exercícios	**150**

PARTE IV
ASPECTOS TEÓRICOS E PRÁTICOS DO PLANEJAMENTO E ORGANIZAÇÃO DE EVENTOS — 151

Capítulo 7
Planejamento e organização de eventos — 153

Concepção	153
Pré-evento	154
Serviços iniciais	154
Serviços de secretaria	155

Detalhamento do projeto	155
Definição do produto	156
Escolha do local	156
Definição de data	157
Definição de tema e elaboração de calendário	158
Identificação e análise dos participantes	159
Estratégia de comunicação e marketing	159
Infraestrutura de recursos audiovisuais, materiais e serviços	162
Serviço de transporte para participantes e convidados	166
Hospedagem para participantes e convidados	167
Programação social, cultural e turística	167
Agência de turismo	168
Recursos financeiros	168
Aspectos legais	170
Cronograma básico	174
Roteiro de projeto	174
Instrumentos auxiliares e de controle do planejamento	176
Briefing	176
Check list	180
Per ou transevento	**182**
Secretaria do evento	183
Serviço de recepção	183
"Clima" do evento	184
Sala de recepção ou sala *VIP*	185
Sala de imprensa	185
Salas das comissões técnicas	186
Infraestrutura de apoio operacional	186
Instalações físicas	186
Material de secretaria	187
Equipamentos audiovisuais	188
Apoio logístico	189
Infraestrutura de apoio externo	189
Aeroporto	190
Hotel	191
Programação social, cultural e turística	191

Serviços de transportes	192
Tradução simultânea	193
Pesquisa de opinião	194
Pós-evento	**196**
Serviços de secretaria	196
Divulgação do pós-evento	197
Serviços complementares	197
Análise e avaliação	197
Resumo	**198**
Exercícios	**198**
Considerações finais	**201**
Referências bibliográficas	**203**
Índice remissivo	**209**

Apresentação

Esta obra é fruto de pesquisas e estudos realizados a partir da década de 1980, e visa transmitir ao leitor um conhecimento mais amplo do que é a atividade eventos, desde suas origens até as influências econômicas, sociais e políticas de cada período da história da civilização humana nesses acontecimentos.

Meu interesse pelo assunto surgiu ao participar de alguns eventos quando ainda era estudante do Curso de Turismo da Faculdade Ibero-americana de Letras e Ciências Humanas, que posteriormente passou a denominar-se Centro Universitário Ibero-americano – hoje Centro Universitário Anhanguera –, tais como: Desfile de Sete de Setembro, Visita do Papa João Paulo II ao Brasil, Passeio Ciclístico da Primavera e outros.

Mediante observações efetuadas nessas oportunidades, percebi que a atividade eventos envolvia uma série de componentes que se interligavam e se complementavam dando forma ao acontecimento. Isso fez com que eu buscasse mais informações sobre o assunto referentes a sua concepção, planejamento, organização, realização, avaliação e encerramento. A realidade com a qual me deparei foi surpreendente: bibliografia limitada e escassez de pesquisas e estudos sobre o tema.

Em 1981, concluí o curso de Turismo, mas somente ingressei no mercado profissional da área em 1984, como recepcionista de turismo da Empresa Paulista de Turismo (Paulistur S.A.), hoje São Paulo Turismo S.A. (SPTuris). Esse fato foi a mola propulsora para reiniciar as pesquisas, os estudos e o recolhimento de materiais informativos a respeito do assunto.

No ano de 1986, tive a grande oportunidade de atuar na área de eventos. Na ocasião, fui transferida do cargo de recepcionista de turismo para o de produtora júnior de eventos, no qual permaneci durante três meses, passando a seguir para a coordenação de eventos comunitários, que exerci até 1987.

Paralelamente às atividades na Paulistur S.A., iniciei-me na área de educação como professora da disciplina de Planejamento e Organização do Turismo para o curso de Turismo das Faculdades Capital, atual Centro Universitário Capital.

Na década de 1990, além das minhas atividades na educação formal, comecei a ministrar cursos livres e de extensão na área de eventos para instituições de ensino e entidades de classe, como também desenvolvi vários trabalhos de consultoria para empreendimentos turísticos, principalmente sobre eventos e centros de convenções que pudessem auxiliar estudantes e profissionais do setor.

Em 1995, ingressei no curso de mestrado da Escola de Comunicações e Artes da Universidade de São Paulo (ECA/USP), onde realizei pesquisas e escrevi a dissertação intitulada *Os Centros de Convenções do Estado de São Paulo como fator de desenvolvimento do Turismo de Eventos no Estado*.

Após esses estudos e experiências profissionais, concluí que era importante organizar todo esse material existente, produzido por pesquisadores e profissionais nacionais e internacionais, visando mostrar o que é a atividade eventos e sua importância econômica e social.

Esta obra está dividida em quatro partes, sendo a primeira constituída de fundamentos econômicos, históricos e sociais dos eventos, turismo na atualidade e o turismo de eventos nesse contexto. Na segunda parte são mostrados elementos que permitem a compreensão do que seja evento, bem como ressaltados alguns tipos de evento e as características que apresentam. A terceira parte trata da estrutura jurídica das associações, empresas e/ou indústrias promotoras de eventos, destacando suas diferenças e as influências que causam no processo de planejamento e organização de um evento. Ainda nessa parte, é abordado o processo de captação de evento nas suas diferentes fases, bem como enfoca-se a importância da contratação de uma empresa organizadora de eventos e o papel que esta pode desempenhar no processo de planejamento e organização de eventos. Na quarta parte são detalhadas todas as fases do planejamento e da organização de eventos, enfocando todos os elementos e providências que devem ser desenvolvidos.

O Capítulo 1 mostra a evolução histórica dos eventos no mundo e no Brasil e também o surgimento do turismo e do turismo de eventos. Apresentam-se, de início, alguns conceitos, classificação e características dos eventos. Posteriormente, é descrita a trajetória histórica desses acontecimentos, desde as suas origens até os tempos modernos, ressaltando o aparecimento da atividade turismo e turismo de eventos.

No Capítulo 2, situa-se o turismo de eventos no contexto atual da atividade turística internacional e nacional, demonstrando suas particularidades e apontando brevemente os efeitos econômicos e sociais que causam a atividade.

Conceitos de eventos de vários pesquisadores e profissionais são apresentados no Capítulo 3. Nele é mostrada também a classificação dos eventos em relação ao público que atingem, à área de interesse em relação ao número de participantes e à tipologia de eventos de acordo com as características que apresentam.

O Capítulo 4 aborda aspectos da estrutura jurídica das associações, empresas e/ou indústrias promotoras de eventos e as influências que elas podem causar no processo de planejamento e organização dos seus eventos.

O processo de captação de eventos, enfocando suas fases e as providências necessárias para a sua efetivação é demonstrado no Capítulo 5.

O Capítulo 6 enfoca a necessidade e a importância da contratação da empresa organizadora de eventos e as várias formas de sua participação no processo de planejamento e organização de eventos.

No Capítulo 7 é abordado o processo de planejamento e organização de eventos, destacando todas as suas fases, assim como os diversos aspectos e elementos que compõem um evento e o relacionamento entre eles.

No final, são apresentadas algumas considerações gerais sobre a fundamentação econômica, histórica e social dos eventos e é enfocada a importância econômica que a atividade assume em todas as fases do processo de planejamento. Outro ponto abordado foram os impactos que os eventos causam nas localidades-sedes. Ressaltam-se, ainda, os aspectos do conteúdo para sua utilização pelos profissionais e também para cursos de graduação de diversas áreas de formação.

Marlene Matias

Prefácio da primeira edição

Existem livros escritos por autores brasileiros sobre eventos. Poucos, porém, tratam de seus procedimentos e técnicas de organização mostrando o panorama internacional e nacional do turismo de eventos. Essa lacuna no mercado é preenchida agora, com o lançamento desta obra da professora Marlene Matias.

A autora agrega o valor da pesquisa ao conhecimento teórico, realizando a necessária união entre teoria e aplicação, não apenas pelos estudos acadêmicos feitos, mas também por suas experiências profissionais, conforme ela mesma expõe na apresentação.

Sempre afirmamos que a teoria fornece o arcabouço imprescindível ao desenvolvimento do conhecimento. Porém, ele fica incompleto sem a pesquisa de campo para complementá-lo e sustentá-lo. Assim, pode-se comprovar na prática a validade de suas hipóteses e demonstrar seu acerto teórico.

A professora Marlene Matias contribui, com este livro, ao avanço do conhecimento do turismo de eventos e de seus significativos resultados para todos os segmentos econômicos e sociais envolvidos.

Para mim, o mais importante e que é reafirmado pela autora — pesquisadora séria, dinâmica e atuante — é que a arte e a ciência do Turismo refletem a visão do mundo moderno e do homem (turista) na expansão dessa atividade, por meio de suas expressões práticas. A atividade turística é a única capaz de unir povos e culturas, de gerar riquezas e oferecer um trabalho valioso como este que temos o privilégio de introduzir ao público brasileiro.

Prof. Dr. Mario Carlos Beni
Professor aposentado da ECA-USP

Prefácio à sexta edição

O setor de turismo, e especialmente seu segmento de negócios e eventos, encontra-se em um momento histórico no Brasil, impulsionado pelo crescimento econômico e pela visibilidade mundial em função dos megaeventos. No entanto, temos que enfrentar algumas questões importantes para a evolução do setor.

A atividade de eventos é a quarta colocada na pauta de exportações do Brasil. Cresce 7% ao ano, gerando 3 milhões de empregos diretos e indiretos, impactando 56 setores da economia nacional e ocupando 57% dos assentos das companhias aéreas.

Ainda que de forma diferente da hotelaria do transporte e das agências de viagens, conhecidas como o tripé da sustentação do Turismo, os eventos também trabalham sua estratégia local de implementação e consumo.

Temos afirmado sempre que a teoria fornece o arcabouço imprescindível ao desenvolvimento do conhecimento. Mas este tem de ser completado adequada e suficientemente pela pesquisa de campo, da realidade concreta, a fim de preenchê-lo e sustentá-lo para demonstrar o acerto teórico pela validade de suas hipóteses, comprovadas na prática.

Este livro, em sua sexta edição, aprofunda ainda mais os procedimentos e técnicas para organizar eventos, amplia e atualiza os cenários internacional e nacional do setor, analisa os impactos e trabalha as estratégias e inovações para o desenvolvimento da atividade.

A autora acrescenta novos elementos à pesquisa e ao conhecimento teórico, realizando a necessária união entre teoria e aplicação, não apenas pelos estudos acadêmicos feitos, mas também por sua experiência profissional no setor.

A professora Marlene Matias contribui, com esta nova edição de seu livro, para o avanço e atualização do conhecimento do Turismo de Eventos e de seus significativos resultados para todos os segmentos econômicos e sociais envolvidos.

Mais importante, porém, sob a minha ótica, reafirma a autora – pesquisadora séria e competente, dinâmica e atuante – a grande relevância de a arte e a ciência do Turismo, em suas expressões práticas, refletirem a visão do mundo moderno e a atuação do ser turista na expansão dessa atividade, única capaz de unir povos e culturas, de gerar riquezas e de oferecer um trabalho valioso como este que temos o privilégio de compilar.

Prof. Dr. Mario Carlos Beni
Professor aposentado da ECA-USP

Lista de abreviaturas

ABAV – Associação Brasileira de Agências de Viagens
ABBTUR – Associação Brasileira de Bacharéis em Turismo
Abeoc – Associação Brasileira das Empresas de Eventos
Abraccef – Associação Brasileira de Centros de Convenções, Exposições e Feiras
ACT – Atividades Características de Turismo
AIPC – Association Internationale des Palais de Congrès
Ascom – Assessoria de Comunicação do Ministério do Turismo
Bacen – Banco Central do Brasil
BIE – Bureau International des Expositions
CBTUR – Congresso Brasileiro de Turismo
Cocal – Federação de Entidades Organizadoras de Congressos e Afins da América Latina
COI – Comitê Olímpico Internacional
CVB – Convention and Visitors Bureau
DPF – Departamento de Polícia Federal
Ecad – Escritório Central de Arrecadação e Distribuição

Embratur – Empresa Brasileira de Turismo (até 1992), depois Instituto Brasileiro de Turismo
Enbetur – Encontro Nacional de Bacharéis e Estudantes de Turismo
EPTUR – Empresa Paulista de Turismo S.A.
Fade – Fundação de Apoio ao Desenvolvimento da Universidade Federal do Pernambuco
FBC&VB – Federação Brasileira de Convention and Visitors Bureaux
Fifa – Fedération Internationale de Football Association
Fipe – Fundação Instituto de Pesquisa Econômica
FSM – Fórum Social Mundial
Fungetur – Fundo Geral de Turismo
IACVB – International Association of Convention and Visitors Bureau
IBGE – Instituto Brasileiro de Geografia e Estatística
ICCA – International Congress and Convention Association
JMJ – Jornada Mundial da Juventude
MIC – Ministério da Indústria e Comércio
MTur – Ministério do Turismo
OMT – Organização Mundial do Turismo
Paulistur – Empresa Paulista de Turismo S.A.
PCMA – Professional Convention Management Association
PNT – Plano Nacional de Turismo
Siafi – Sistema Integrado de Administração Financeira do Governo Federal
SPCVB – São Paulo Convention and Visitors Bureau
SPTuris – São Paulo Turismo S.A.
Ubrafe – União Brasileira de Feiras
UFI – União de Feiras Internacionais
WTTC – World Travel and Tourism Council

Lista de quadros

Quadro 1.1	Concílios ecumênicos no período de 325 a 1965	16
Quadro 1.2	Exposições mundiais no período de 1851 a 1967	25
Quadro 1.3	Características das exposições mundial e internacional/especializada	29
Quadro 1.4	Jogos Olímpicos no período de 1896 a 2016	30
Quadro 1.5	Feiras de amostras no período de 1916 a 1927	32
Quadro 1.6	Países-sede da Copa do Mundo no período de 1930 a 2014	33
Quadro 1.7	Países-sede dos Jogos Pan-Americanos no período de 1951 a 2015	36
Quadro 1.8	Países-sede da Jornada Mundial da Juventude no período de 1984 a 2013	38
Quadro 1.9	Países-sede do Fórum Social Mundial no período de 2001 a 2013	39
Quadro 1.10	Congressos da Abav de 1959 a 2012	45
Quadro 1.11	Número de congressistas e número total de participantes nos congressos da Abav	47
Quadro 1.12	Total de m² comercializados nas feiras dos congressos da Abav	48

Quadro 1.13	Enbetur de 1979 a 1998 e CBTUR a partir de 1999 a 2008	50
Quadro 2.1	Movimento do turismo internacional no mundo	62
Quadro 2.2	Chegada de turistas procedentes do estrangeiro (milhões de turistas)	64
Quadro 2.3	Receita do turismo internacional (em US$ bilhões)	64
Quadro 2.4	Movimento do turismo internacional no continente americano (em mil)	65
Quadro 2.5	Receita do turismo internacional no continente americano (US$ milhões)	66
Quadro 2.6	Participação (%) das chegadas de turistas na América do Sul no mundo, do Brasil na América do Sul e no mundo	67
Quadro 2.7	Participação (%) da receita cambial turística da América do Sul no mundo, do Brasil na América do Sul e no mundo	68
Quadro 2.8	Países mais visitados no mundo (em milhões)	70
Quadro 2.9	Países que mais lucraram com o turismo no mundo (US$ bilhões)	71
Quadro 2.10	Países que mais gastaram com o turismo no mundo (US$ milhões)	72
Quadro 2.11	Evolução do número de participantes nos eventos internacionais por país no período de 1995 a 2007	74
Quadro 2.12	Evolução do número de eventos no mundo no período de 1996 a 2010	74
Quadro 2.13	*Ranking* dos países top 10 do mundo em número de eventos internacionais no período de 1996 a 2011	75
Quadro 2.14	Desempenho do Brasil no *ranking* ICCA de eventos internacionais sediados, no período de 2001 a 2011	76
Quadro 2.15	Evolução do número de eventos internacionais nos países do continente americano no período de 1994 a 2011	77
Quadro 2.16	*Ranking* das cidades top 10 do mundo em número de eventos internacionais no período de 1996 a 2010	79
Quadro 2.17	Cidades top 10 das Américas em número de eventos internacionais no período de 1995 a 2010	80
Quadro 2.18	*Ranking* das cidades top 10 do Brasil em número de eventos internacionais no período de 2001 a 2010	81

Quadro 2.19	Cidades brasileiras que sediaram eventos internacionais no período de 2003 a 2010	82
Quadro 2.20	Classificação das cidades brasileiras mais bem colocadas em relação ao *ranking* global em 2010	83
Quadro 2.21	Países que mais investiram em promoção turística em 1995 (US$ milhões)	85
Quadro 2.22	Distribuição percentual do valor bruto da produção gerado pelas ACT, por atividade – Brasil – 2006 e 2007	86
Quadro 2.23	Total de ocupações na economia e nas ACT, segundo as atividades – Brasil, 2003 a 2007	87
Quadro 2.24	Entrada de turistas estrangeiros no Brasil (em milhões)	89
Quadro 2.25	Principais mercados emissores de turistas para o Brasil (participação em %)	91
Quadro 2.26	Portões de entrada de turistas estrangeiros (participação em %)	92
Quadro 2.27	As cidades mais visitadas pelos turistas estrangeiros no Brasil no período de 1996 a 2003 (participação em %)	93
Quadro 2.28	As cidades mais visitadas pelos turistas estrangeiros no Brasil, segundo a motivação – no período de 2004 a 2010 (participação em %)	94
Quadro 2.29	Renda média individual anual do turista estrangeiro – 1997 a 2001 (em US$)	95
Quadro 2.30	Renda média individual mensal do turista estrangeiro – 2002 a 2010 (em US$)	95
Quadro 2.31	Gasto médio *per capita*/dia do turista estrangeiro – 1997 a 2001	96
Quadro 2.32	Gasto médio *per capita*/dia do turista estrangeiro segundo motivação – no período de 2002 a 2010 (em US$)	97
Quadro 2.33	Permanência e motivo da viagem dos turistas estrangeiros ao Brasil	99
Quadro 2.34	Número de turistas no país com a finalidade de participar de eventos	100
Quadro 2.35	Saída de turista nacional do Brasil para o exterior (em milhões)	101

Quadro 2.36   Eventos que participaram da pesquisa de impacto econômico no período entre setembro de 2007 e janeiro de 2008   102
Quadro 2.37   Composição do gasto médio diário do participante em evento (US$)   103
Quadro 2.38   Gastos dos participantes estrangeiros dos seis eventos pesquisados   104
Quadro 2.39   Principais estados emissores de turistas domésticos   105
Quadro 2.40   Principais estados receptores de turistas domésticos   105
Quadro 2.41   Cidades mais visitadas no país pelos turistas brasileiros   106
Quadro 2.42   Estados brasileiros que mais lucraram com o turismo doméstico em 2001 e 2007   107
Quadro 2.43   Motivação do turismo doméstico em 2001 e 2007   107
Quadro 2.44   Recursos orçamentários da Embratur para promoção e marketing (em R$)   109
Quadro 2.45   Recursos orçamentários da Embratur (em R$)   109
Quadro 2.46   Recursos orçamentarios do Ministério do Turismo no período de 2003 a 2012 (R$ milhões)   111
Quadro 2.47   Recursos orçamentários da Embratur para promoção do Brasil no exterior no período de 2003 a 2009 (R$ milhões)   111
Quadro 4.1   Aspectos diferenciais da estrutura jurídica   130

Modelo de Cronograma   174
Modelo de Roteiro de Projeto de Eventos   175
Modelo de *Briefing* de Eventos   177
Modelo de *Check list*   181
Modelo de Questionário de Avaliação   194

Introdução

Evento é um acontecimento que, desde as suas origens, na antiguidade, e em sua trajetória histórica até chegar aos tempos modernos, sempre envolve várias pessoas nas diversas fases do seu planejamento e organização, como também atrai um grande número de participantes.

Atualmente, o evento, em função dos objetivos fixados, do grande número de pessoas que envolve e das diversas expectativas e necessidades que essas pessoas apresentam, tornou-se uma importante atividade econômica e social, que deve ser tratada de forma profissional. Isto é, para o sucesso da atividade é imprescindível que a associação, empresa e/ou indústria promotora do evento contrate os serviços de um "organizador de eventos". Assim, para maior segurança e eficiência na prestação dos serviços, é aconselhável que seja contratada uma empresa organizadora de eventos.

Para a contratação desta, recomenda-se a abertura de um processo de licitação e/ou de concorrência em que estarão previstos os critérios e requisitos necessários para a participação.

Definida a empresa organizadora de eventos, esta, em conjunto com a associação, empresa e/ou indústria promotora do evento, irá estabelecer os procedimentos e as técnicas do planejamento e da organização do evento. Os termos acordados entre as partes deverão ser firmados mediante contrato de prestação de serviço.

Após esses passos iniciais, o evento realmente começa a ser planejado e organizado, culminando na sua realização.

PARTE I
FUNDAMENTOS ECONÔMICOS, HISTÓRICOS E SOCIAIS DOS EVENTOS

CAPÍTULO
1

Evolução histórica: dos eventos ao turismo de eventos

As Origens dos Primeiros Eventos

Antes do surgimento da palavra turismo, os homens haviam descoberto que existia um grande espaço no seu entorno e que nele poderiam deslocar-se pelos mais diversos motivos.

O ser humano sempre foi ávido por viver situações de descobertas e grandes acontecimentos. Isso pode ser verificado desde a civilização antiga, em que se encontram os primeiros registros de deslocamentos de pessoas de uma localidade a outra, onde se reuniam para tratar de assuntos de interesse de todos.

Os primeiros registros que identificaram esses deslocamentos, que podem ser considerados como origens do Turismo, mais especificamente do Turismo de Eventos, foram os primeiros Jogos Olímpicos da Era Antiga, datados de 776 a.C.

Esse tipo de evento acontecia na Grécia a cada quatro anos e possuía caráter religioso. No período em que estavam ocorrendo os jogos, estabelecia-se uma trégua e nenhum tipo de combate era travado.

Foi a partir dos Jogos Olímpicos que o espírito da hospitalidade desenvolveu-se. Conta a história que Zeus se disfarçava de participante das reuniões e que as vilas recebiam muito bem esses participantes, porque entre eles poderia estar o deus.

O sucesso dos Jogos Olímpicos, realizados em Olímpia, fez com que outras cidades gregas, como Delfos e Corinto, passassem a organizar seus próprios jogos, concursos e demais atrações.

Outro tipo de acontecimento identificado na Antiguidade foram as Festas Saturnálias, instituídas em 500 a.C., das quais derivam o carnaval.

O primeiro evento realizado, denominado congresso, aconteceu em 377 a.C., em Corinto. Esse congresso reuniu todos os delegados das cidades gregas, que elegeram Felipe o generalíssimo da Grécia nas lutas contra a Pérsia.

Em 56 a.C., aconteceu o último evento da Idade Antiga, que foi a Conferência de Luca. César, graças a um grande esforço, conseguiu convocar para Luca, norte da Itália, o evento que tinha por objetivo reconciliar os dois rivais Pompeu e Crasso. O objetivo do evento foi alcançado, César aumentou o poder do Triunvirato e derrubou o Senado.

Com o declínio da civilização antiga, surgiu o Cristianismo. Os romanos, incapazes de acabar com o Cristianismo, tentaram buscar apoio no crescente número de cristãos do Império. Mas nem todos os cristãos viam com bons olhos o aumento da riqueza e do poder da Igreja.

A civilização antiga deixou de herança para o Turismo e para o Turismo de Eventos o espírito de hospitalidade, a infraestrutura de acesso e os primeiros espaços de eventos.

Evolução dos Eventos: dos Eventos Religiosos ao Surgimento do Turismo de Eventos

Os eventos são acontecimentos que possuem suas origens na Antiguidade e que atravessaram diversos períodos da história da civilização humana, atingindo os dias atuais. Nessa trajetória, foram adquirindo características econômicas, sociais e políticas das sociedades representativas de cada época.

Com a queda do Império Romano, o triunfo do Cristianismo e o estabelecimento de reinos germânicos em terras antes romanas marcaram o início da Idade Média, que foi um período com características bem definidas, como o poderio da Igreja e a atividade comercial desenvolvida próxima aos castelos e mosteiros.

Os eventos que aconteceram nesse período retratam bem essas características, como também tendências futuras. A Idade Média foi de pouca expressão para o desenvolvimento do turismo de lazer em consequência da falta de segurança nas estradas. Em outros aspectos, porém, foi promissora porque propiciou o surgimento de instrumentos que poderiam facilitar as viagens, como o Guia de Estradas de Charles Estiene (1552), que continha informações, roteiros e impressões sobre viagens, e a publicação *Of Travel*, de Francis Bacon (1612), com uma série de orientações para viajantes.

Para o Turismo de Eventos, a Idade Média foi bastante significativa, pois praticamente plantou as bases para o desenvolvimento desse tipo de turismo. Foi marcada por uma série de eventos religiosos (concílios e representações teatrais) e comerciais (feiras comerciais), que causaram o deslocamento de um grande número de pessoas, como membros do clero, mercadores e outros.

Os membros do clero se deslocavam para participar dos concílios, nos quais eram discutidos assuntos relacionados à doutrina e aos dogmas da Igreja. Não se preocupavam com os problemas de segurança, porque representavam a autoridade máxima da época.

Os mercadores, para participar das feiras, pagavam tributos ao senhor e/ou clero em troca de proteção, tanto no caminho de ida quanto no de volta das feiras.

Com relação às representações teatrais, pode-se dizer que tinham caráter religioso. Iniciaram-se no interior das igrejas, encenando algumas passagens da missa para quebrar a monotonia do ritual. Posteriormente, começaram a encenar outras cerimônias e, em função do grande número de espectadores que atraíam, as igrejas tornaram-se pequenas. Só então as representações teatrais ganharam as ruas e a praça pública.

O declínio da Idade Média trouxe de volta aos indivíduos o espírito investigativo, estimulando o deslocamento deles. Muitas viagens foram implementadas por artistas, artesãos, músicos e poetas, que viajavam para mostrar o seu trabalho, adquirir experiência profissional e também conhecer outras localidades.

São também dessa época as viagens conhecidas como Grand Tour, que eram realizadas por jovens da nobreza para complementar os seus conhecimentos e adquirir experiência profissional.

Outras realizações da época que propiciaram o surgimento do turismo foram o aparecimento de meios de hospedagem – albergues ou estalagens – e a melhoria das condições de viagens, quando as carruagens passaram a oferecer maior conforto e segurança aos passageiros.

Essas realizações beneficiaram tanto o Turismo de Lazer quanto o Turismo de Eventos, pois, com toda essa movimentação das pessoas em busca de conhecimento, as viagens passaram a ser mais agradáveis.

A Revolução Industrial operou grandes mudanças na sociedade, transformando a economia manual em mecanizada. O trabalho humano ou animal foi substituído por outros tipos de energia, como a máquina a vapor ou de combustão, causando transformações também nos transportes e na comunicação.

Todas essas mudanças que se processaram refletiram nos tipos de eventos realizados, fanzendo surgir os eventos científicos e técnicos.

Para Miyamoto, eventos científicos são aqueles promovidos por entidades ligadas aos ramos das ciências naturais e biológicas. Conforme suas características, podem denominar-se: mesas-redondas, simpósios, seminários, conferências, cursos, painéis, congressos e outros. Os eventos técnicos são aqueles realizados por entidades ligadas às ciências exatas e sociais. O seu desenvolvimento e as denominações que recebem são semelhantes aos dos eventos científicos.

O Turismo e o Turismo de Eventos como atividade organizada surgiram no século XIX, quando o inglês Thomas Cook organizou a ida de um grupo de pessoas para participar de um congresso.

Não foram os eventos científicos e técnicos, portanto, que propiciaram o desenvolvimento do Turismo de Eventos. Esse tipo de Turismo, que teve suas origens nas feiras comerciais da Idade Média, tornou-se atividade organizada no século XIX. Para se consolidar definitivamente como atividade econômica e social no século XX, recebeu contribuição de outros tipos de evento, como eventos esportivos, feiras de amostras e, principalmente, das exposições universais.

No século XX, o aparecimento do automóvel causou verdadeiro impulso ao Turismo. Depois disso, foi a vez do avião, que encurtou as distâncias, propiciando aos viajantes rapidez, segurança e conforto.

Todas essas facilidades oferecidas pelos avanços tecnológicos em termos de transporte, comunicação e comercialização de bens e serviços turísticos são as molas propulsoras do desenvolvimento do turismo e do turismo de eventos.

Os eventos religiosos: os concílios e as representações teatrais

Os principais concílios

Concílio é uma reunião de autoridades eclesiásticas com o objetivo de discutir e deliberar sobre questões pastorais, de doutrina, fé e costumes (moral). Os concílios podem ser ecumênicos, plenários, nacionais, provinciais ou diocesanos, de acordo com sua abrangência.

A história da Igreja mostra momentos em que a sua defesa se faz necessária de modo universal ou global, como também de modo parcial. Quando ocorre a necessidade de uma ação universal, é dever do Papa de convocar uma reunião, isto é, um concílio universal ou global, que também é denominado de concílio ecumênico. Mas quando somente parte da Igreja vê essa necessidade, as autoridades eclesiásticas locais acreditam ser prudente a convocação de um concílio que não obrigar a participação de todos os católicos vinculados a este território, pois se trata apenas de um magistério episcopal, não universal, e só tem valor jurídico.

A seguir serão apresentados os principais concílios que fizeram parte da história da Igreja, mas sem distinção entre ecumênicos e os não ecumênicos.

O Concílio de Jerusalém é considerado o primeiro evento desse tipo realizado na Era Cristã. Mas, segundo estudiosos e pesquisadores, existem algumas contradições com relação ao ano de sua realização, isto é, para alguns ele aconteceu no ano 49 e, para outros, no ano 50. Esse evento ocorreu para resolver temas como a circuncisão, a relação judaísmo-cristianismo e também para tratar da expansão do cristianismo por meio das viagens missionárias do Apóstolo Paulo.

Em 90, depois da destruição do Templo de Jerusalém, o Rabino Yochanan Bem Zakai convocou o Concílio de Jamnia, que foi presidido por líderes judaicos, os quais tiveram a responsabilidade para oficialmente fechar a lista das Escrituras Sagradas Judaicas.

No ano 225 foi realizado o II Concílio de Cartago, com a participação de 87 bispos, que resolveram rebatizar os anabatistas – cristãos que rejeitavam o batismo infantil.

Em 248, Thacius Cecilianus Cyprianus tornou-se Bispo de Cartago, na África, e, em 251, conseguiu realizar outro Concílio de Cartago, no qual seu trabalho "*De Catholicae Ecclesiase Unitate*" foi lido.

Ainda no ano 251, aconteceu o II Concílio de Roma, no qual o Papa Estevão I combateu o Bispo Novácio e excomungou os bispos que participaram do II Concílio de Cartago, por serem adeptos do rebatismo.

Já no ano 300 foi realizado o Concílio de Elvira, que foi convocado por São Gregório e tinha por missão evangelizar a Armênia.

Em 314, aconteceu o Concílio de Arles, precursor do Concílio de Niceia, que formalmente condenou a heresia do Donatismo[1] e excomungou o Bispo Donato de Casa Nigra, o seu criador.

No ano de 325, o Imperador Constantino convocou os bispos de todas as partes do mundo romano para a primeira assembleia de uma série de 21. Essa reunião denominou-se de Concílio de Niceia, ocorrido em Niceia, na Ásia Menor, e tinha por objetivo defender a unidade religiosa como fator de força política. Como resultado da reunião, foi decretado o exílio de Arius, sacerdote grego de Alexandre, que negava essencialmente a divindade de Cristo, um dos preceitos da religião.

A crise ariana, que parecia ter sido solucionada em Niceia, ressurge no ano de 335, no Concílio de Tiro, que aconteceu na cidade de Tiro, no Líbano, onde seguidores de Arius e alguns bispos católicos intimaram o Bispo de Alexandria, Santo Atanásio, para responder acusações caluniosas imputadas a ele. Os arianos nunca se atreveram a acusá-lo de nenhuma questão dogmática.

No ano 341, aconteceu o Concílio de Antioquia, que negou o proclamado no Concílio de Niceia (325) e apresentou como decisão a proibição aos cristãos de comemorarem a Páscoa com os judeus.

---

[1] Donatismo: doutrina religiosa cristã fundada por Donato Bispo de Cartago, durante o século IV, que reclamou um tratamento severo (reprovado pela maioria da Igreja católica) para os cristãos que haviam fraquejado durante a perseguição do Imperador Romano Dioclesiano.

Em 363, aconteceu o Concílio de Laudiceia, que estabeleceu que os cristãos não deveriam se judaizar e descansar no sábado, mas sim trabalhar nesse dia e descansar no dia do Senhor (domingo).

Em 380, aconteceu o Concílio de Saragoça, que tinha por objetivo principal refletir sobre o priscilianismo, movimento liderado pelo Bispo Hispânico Prisciliano Ávila. O Bispo foi considerado herege e condenado pela Igreja Católica por meio de uma instituição civil.

No ano seguinte, ocorreu o I Concílio de Constantinopla, presidido pelo Papa Damaso I, em que se afirmou o dogma da Santíssima Trindade.

Em 397, aconteceu o III Concílio de Cartago, que determinou a aceitação dos 27 livros do novo testamento.

Posteriormente, no ano 411, foi realizado outro concílio, denominado Concílio de Cartago, que condenou o pelagianismo, heresia atribuída a Pelágio, um monge bretão do século V. Ele afirmava que todo homem nasce moralmente neutro e capaz, por si mesmo, sem qualquer influência externa, de converter-se a Deus e obedecer à sua vontade, quando assim o desejar.

No ano 419, ocorreu o IV Concílio de Cartago, que ratificou oficialmente os livros que a Bíblia possui atualmente, por satisfazerem os testes canônicos, reconhecidos futuramente no Concílio de Trento.

As divergências entre os membros da Igreja não apresentaram nenhum sinal de solução e, para tentar resolver essas questões pendentes, o Papa Celestino convocou, em 431, o Concílio de Éfeso, que marcou o início da grande cisão da Igreja cristã, o monofisismo.[2]

No período de 441 a 529, foi realizado o Concílio de Orange, em Orange, na França. Esse evento tratou de vários assuntos relacionados à Igreja e foi o florescimento da contradição entre Agostinho e Pelágio. Essa controvérsia tem a ver com o grau de responsabilidade que o ser humano tem para com sua própria salvação e o papel da graça de Deus em trazer tal salvação. Os Pelagianos sustentam que os seres humanos nascem em um estado de inocência, isto é, não há uma natureza pecaminosa ou pecado original. Como resultado dessa visão, eles sustentavam que um estado de perfeição impecável era alcançável nesta vida.

---

[2] Monofisismo: doutrina que refuta a definição ortodoxa da Igreja de que Jesus Cristo tem duas naturezas completas, a humana e a divina.

O II Concílio de Éfeso foi convocado em 449, pelo Imperador Teodósio II e presidido pelo Bispo Dióscoro de Alexandria, para discutir a reabilitação do Papa Eutiques, pelas suas teorias monofisistas. Esse evento também decidiu pela deposição de Flaviano, Patriarca de Constantinopla, e outros bispos contrários ao monofisismo.

Esse resultado, contudo, deixou muitos ocidentais descontentes e, por isso, em 451, instauraram o Concílio da Calcedônia para tentar reverter o resultado anterior, tendo início o diofisismo.[3]

Em 553, aconteceu o II Concílio de Constantinopla que foi convocado pelo Imperador Justiniano e presidido pelo Papa Virgílio, tendo como decisão a reafirmação do dogma da Santíssima Trindade.

No período de 561 a 563, ocorreu o I Concílio de Braga, em Portugal, no qual se declarou amaldiçoados todos aqueles que acreditassem em doutrinas do tipo maniqueístas[4] e priscilianistas.

A seguir, em 569, ocorreu o Concílio de Lugo, província romana na Península Ibérica, convocado pelo rei suevo[5] Teodomiro para reestruturar a divisão de dioceses dentro da monarquia.

Posteriormente, em 680, ocorreu o III Concílio de Constantinopla, que teve como principal decisão: a condenação do monotelismo, heresia defendida pelo patriarca Sérgio de Constantinopla, que ensinava haver só a vontade divina em Cristo. Esse Concílio ensinou que Cristo possui duas naturezas, mas só uma vontade.

Em 754, aconteceu o Concílio de Hieria, que foi convocado pelo Imperador Constantino V e realizado no Palácio de Hieria em frente a Constantinopla, que apoiou a posição iconoclasta dos imperadores da época.

O II Concílio de Niceia foi convocado, em 787, pelo Papa Adriano I e teve como resultado a condenação dos iconoclastas, que combatiam o culto às imagens.

---

[3] Diofisismo: doutrina que afirma a dupla natureza de Jesus Cristo, como homem e como Deus.
[4] Maniqueísmo: filosofia reliogiosa sincrética e dualista ensinada pelo Profeta Mani.
[5] Suevo: habitantes da Suévia (antigo país germânico) que ocuparam o Noroeste da Península Ibérica, na Espanha, durante as Invasões Bárbaras.

No ano 869, aconteceu o IV Concílio de Constantinopla, no qual foi reafirmado o culto das imagens. Fócio, Patriarca de Constantinopla, foi condenado por ser considerado um dos mentores do Cisma do Oriente que mais tarde separou a Igreja Ortodoxa da Igreja Católica Romana (Grande Cisma de 1.054 d.C.), questão essa que persiste até os dias atuais.

Em 1095, aconteceu na França o Concílio de Clermont, em que o Papa Urbano II exagerou ao referir-se sobre o perigo que a cristandade oriental representava e que também concederia o perdão de todos os pecados, isto é, indulgência aos que fossem ao Oriente para defender os peregrinos, cujas viagens, chamadas Cruzadas, tornavam-se cada vez mais perigosas.

As divergências entre a Igreja Romana e a cristandade oriental eram cada vez mais acirradas e, em 1117, próximo a Toulouse, em Saint-Félix de Camaran, foi realizado um concílio por iniciativa de um bispo vindo de Constantinopla. Isso fez com que a Igreja Romana empreendesse um esforço enorme para combater essa ameaça.

Em 1123, aconteceu na Catedral de São João Latrão, em Roma, o I Concílio de Latrão, que foi convocado e presidido pelo Papa Calixto II. Nesse evento foram tomadas as seguintes decisões:

+ confirmação da Concordata de Worms que assegurava à Igreja plena liberdade na escolha e na ordenação dos seus bispos;
+ fortalecimento da disciplina eclesiástica;
+ confirmação do celibato sacerdotal.

O II Concílio de Latrão aconteceu em 1139, na Catedral de São João Latrão. Foi convocado e presidido pelo Papa Inocêncio II, quando foram abordados e decididos os seguintes temas:

+ Cisma do Antipapa Anacleto II;
+ veto do exercício da medicina e da advocacia pelo clero;
+ rejeição da usura e do lucro;
+ invalidade do casamento de padres;
+ regulamentação das vestimentas eclesiásticas.

Em 1179, acontece o III Concílio de Latrão, o qual foi convocado e presidido pelo Papa Alexandre III. As principais decisões tomadas no evento foram:

+ estabelecer normas para eleição do Papa, isto é, 2/3 dos votos dos cardeais presentes no conclave, ficando excluído qualquer recurso às autoridades leigas para dirimir dúvidas do processo eleitoral;
+ rejeitar o acúmulo de benefícios ou funções dentro da Igreja por parte de uma mesma pessoa;
+ recomendar a disciplina da regra aos monges e cavaleiros regulares, que interferiam indevidamente no governo da Igreja;
+ condenar as heresias da época de fundo dualista.

Posteriormente, em 1184, visando reforçar o III Concílio de Latrão e o poder da Igreja, Lúcio III realiza o Concílio de Verona, no qual foi elaborada uma constituição proclamada em 4 de novembro, criando a Inquisição, que definiu que:

+ os condes, os barões e outros senhores jurassem prestar apoio à Igreja, sob pena de excomunhão;
+ os habitantes denunciassem ao sacerdote toda pessoa que fosse surpreendida praticando heresia;
+ os padres visitassem pessoalmente, duas vezes por ano, as cidades e as aldeias;
+ os hereges fossem declarados infames para sempre e despojados de seus cargos.

A Igreja, em 1200, convocou o Concílio de Avignon, instituindo que, em qualquer paróquia, seria criada uma comissão composta de um padre e dois ou três leigos integrados, com promessa e sob juramento de denunciar todos aqueles que se tornassem hereges.

Em 1215, a Igreja continuou sua caminhada. Procurando cada vez mais firmar sua autoridade, realizou em Roma, na Basílica de São João Latrão, o IV Concílio de Latrão, que foi convocado pelo Papa Inocêncio III, por meio da Bula Vineam Domini Sabaoth, de 10 de abril de 1213. Nesse evento, o Papa Inocêncio III foi Bispo Universal e reuniu um dos mais importantes concílios ecumênicos que jamais havia sido congregado. O evento foi a expressão culminante da supremacia de Inocêncio III, teve cerca de 1.200 padres e representantes dos governos seculares, vindos de mais de oitenta províncias eclesiásticas, não só do Ocidente, mas da Europa Central e Oriental.

Todos os grandes problemas políticos e religiosos da época foram tratados no evento, limitando os assistentes a aceitar os projetos apresentados pelo Papa. As principais decisões tomadas foram:

✦ condenação dos albigenses e valdenses;
✦ condenação dos erros de Joaquim de Fiore,[6] que pregava o fim do mundo para breve, apoiando-se em falsa exegese bíblica;
✦ declaração da existência dos demônios como anjos bons que abusaram do seu livre-arbítrio pecando – "Com efeito, o Diabo e outros demônios foram por Deus criados bons em sua natureza, mas se tornaram maus por sua própria iniciativa" (DS 800);[7]
✦ realização de mais uma cruzada para libertar o Santo Sepulcro de Cristo, em Jerusalém, que se achava nas mãos dos muçulmanos;
✦ obrigação da confissão e da comunhão anuais;
✦ fixou normas sobre a disciplina e a Liturgia da Igreja.

O IV Concílio de Latrão é considerado o maior dos concílios ecumênicos da Idade Média.

Em 1245, aconteceu o I Concílio de Lyon, que foi convocado e presidido pelo Papa Inocêncio IV. Os temas discutidos e as decisões tomadas foram: a deposição do Imperador Frederico II, Imperador do Sacro Império e de Sancho II, Rei de Portugal, a Sétima Cruzada e a determinação do uso de chapéu vermelho para os cardeais.

Posteriormente, em 1274, ocorreu o II Concílio de Lyon, presidido pelo Papa Beato Gregório X, que abordou e decidiu sobre os seguintes temas: união com a Igreja Ortodoxa, regulamentação do conclave para

---

[6] Joaquim de Fiore: também conhecido como Gioacchino da Fiore, foi um abade da Ordem de Cister, a ordem monástica católica reformada, e filósofo místico.
[7] Disponível em: http://blog.cancaonova.com/dominusvobiscum/2007/04/30iv-concilio-de-latrao. Acessado em 7/6/2009.

eleição papal e pregou a Cruzada para libertar Jerusalém das mãos dos muçulmanos.

No ano de 1311, o Papa Clemente V convoca o Concílio de Vienne (França) e para decidir sobre os temas: fim da Ordem dos Templários e condenação póstuma do Papa Bonifácio VIII, por ter excomungado o rei Filipe IV de França.

A Igreja cada vez mais buscava formas de mostrar sua autoridade, ameaçando ainda mais sua unidade. Por isso, no período de 1409 a 1411, realizou o Concílio de Pisa, do qual participaram os homens mais destacados da Igreja para colocar um final no cisma, pois os cristãos tinham dois papas: Gregório XII e Bento XIII, que reclamavam seu direito ao trono pontificial. O Concílio aconteceu com a presença de centenas de religiosos, que não reconheceram nenhum dos papas e escolheram um novo, Alexandre V.

O Concílio de Pisa não foi reconhecido pela Igreja Católica, então convocou-se um novo concílio, pelo Antipapa João XXIII e confirmado pelo Papa Gregório XII, que ocorreu na cidade de Constança no período de 1414 a 1418. O Concílio de Constança tinha por objetivo principal acabar com o Cisma do Ocidente, e também chegou às seguintes decisões: deposição do Antipapa João XXIII, resignação do Papa Gregório XII, condenação de John Wycliffe[8] e de Jan Hus[9] e eleição do Papa Martinho V.

O Cisma do Ocidente perdurou por vários anos e, em 1431, foi convocado pelo Papa Martinho V o Concílio da Basileia-Ferrara-Florença, que aconteceu em várias sedes diferentes:

+ na Basileia, na Suíça: 1431 a 1437;
+ em Ferrara, na Itália: 1437 a 1438;
+ em Florença, na Itália: 1439 a 1442;
+ em Roma, na Itália: 1442 a 1445.

---

[8] John Wycliffe: teólogo e reformador religioso inglês, considerado precursor das reformas religiosas que sacudiram a Europa nos séculos XV e XVI.
[9] Jan Hus: pensador e formador religioso, seus seguidores ficaram conhecidos como hussitas.

O concílio foi presidido pelo Cardeal Julio Cesarini e, posteriormente, pelo Papa Eugenio IV. O grande objetivo do evento era por fim ao Cisma do Ocidente. As decisões tomadas foram: a união com as igrejas orientais e o reconhecimento do romano pontífice e dos poderes sobre a Igreja Universal.

Ao final do Concílio da Basileia-Ferrara-Florença estiveram presentes 117 representantes da Igreja Católica e 31 ortodoxos.

O V Concílio de Latrão aconteceu no período de 1512 a 1517, na Catedral de São João Latrão, em Roma, convocado e presidido inicialmente pelo Papa Julio II e, posteriormente, pelo Papa Leão X, os temas discutidos foram: condenação do Concílio Cismático de Pisa (1409-1411) e a Reforma da Igreja. As principais decisões desse concílio foram:

+ contra o concílio sismático de Pisa;
+ decretos de reforma da formação do clero, sobre a pregação etc.;
+ condenação da Sanção de Bourges, que favorecia a criação de uma Igreja Nacional da França;
+ assinatura de uma Concordata que regulamentava as relações entre a Santa Sé e a França;
+ condenação da tese segundo a qual a alma humana é mortal e uma só para toda a humanidade, de Pietro Pomponazzi;
+ exigência do Imprimatur para os livros que versassem sobre a fé ou teologia.[10]

Mesmo enfraquecida, a Igreja ainda tentava resolver suas divergências e conquistar a posição perdida: o então Papa Paulo III convocou o Concílio de Trento, que durou 18 anos, de 1545 a 1563, presidido pelos Papas Júlio III, Marcelo II, Paulo IV, Pio IV e pelo próprio Paulo III. Os principais temas abordados foram: Reforma Geral da Igreja, sobretudo devido ao protestantismo, e confirmação da doutrina acerca dos sete sacramentos e dos dogmas eucarísticos.

---

[10] Disponível em: http://blog.cancaonova.com/dominusvobiscum/2007/05/02/v--concilio-de-latrao. Acessado em 07/06/2009.

Quadro 1.1 Concílios ecumênicos no período de 325 a 1965.

Concílio	Ano/período de realização	Número de participantes
I Concílio de Niceia	325	250 a 318
I Concílio de Constantinopla[1]	381	150
I Concílio de Éfeso	431	200 a 250
Concílio da Calcedônia	451	500
II Concílio de Constantinopla	553	150
III Concílio de Constantinopla	680/681	(–)
II Concílio de Niceia	787	350
IV Concílio de Constantinopla	869/870	(–)
I Concílio de Latrão	1123	200 a 1.000
II Concílio de Latrão	1139	1.000
III Concílio de Latrão	1179	(–)
IV Concílio de Latrão	1215	1.200
I Concílio de Lyon	1245	250
II Concílio de Lyon	1274	(–)
Concílio de Vienne	1311/1312	(–)
Concílio de Constança	1414/1418	600
Concílio de Basileia-Ferrara-Florença	1431/1445 (1431/1437 – Basileia); (1437/1438 – Ferrara); (1439/1441 – Florença); (1442/1445 – Roma).	148[2]
V Concílio de Latrão	1512/1517	(–)
Concílio de Trento	1545/1563	255
I Concílio do Vaticano	1869/1870	(–)
II Concílio do Vaticano	1962/1965	2.540

Fonte: Simões (2009).
Nota: (–) Dado não disponível.
  (1) Evento sem representantes da Igreja.
  (2) Total de participantes somente da etapa final do evento.

O Quadro 1.1 apresenta um resumo dos concílios ecumênicos que aconteceram nesse período, identifica a cidade de cada um e também o número de participantes, demonstrando que, naquela época, mesmo não sendo uma atividade organizada como a que se conhece atualmente, já provocava o deslocamento de um grande número de pessoas para as localidades que sediavam esses eventos, gerando, assim, uma série de outras atividades para atender essas pessoas.

Representações teatrais

Com relação a esse tipo de evento, deve ser ressaltada a manifestação de teatro medieval que acontece na cidade alemã de Oberammergan desde 1634: a encenação da Paixão de Cristo. Essa encenação ocorre em praça pública e, atualmente, chega a receber até 300 mil turistas no decorrer da temporada.

Os eventos comerciais: as feiras comerciais

As feiras comerciais eram uma das formas de comércio mais importantes da Idade Média. Surgiram em função da necessidade dos indivíduos de comer, vestir-se, armar-se etc. Durante o período de realização das feiras, eram concedidas liberdades e privilégios especiais, tais como: suspensão de hostilidades e das guerras, permissão para organizar jogos proibidos e outras liberdades para garantir as trocas, assegurando, assim, a subsistência.

As feiras ofereciam oportunidade de comércio em escala crescente, o que propiciou o desenvolvimento das atividades produtivas, pois criavam mercado para o que fosse produzido. Das que ocorriam com uma certa regularidade, as mais antigas eram as da Região de Champagne, na França, e datam de 427. Essas feiras eram frequentadas pela rica clientela flamenga e italiana.

As principais feiras da Região de Champagne eram:

- Lagny (Seine-et-Marne), em janeiro;
- Bar-sur-Aube (Champagne), na quaresma;

- Provins, em maio e setembro;
- Troyes, em setembro e novembro.

Cada feira durava, em média, de 6 a 7 semanas e movimentava o mercado internacional praticamente o ano inteiro.

As feiras eram organizadas de tal forma que colocavam os produtos e os mercados da França, dos Países Baixos e do Vale do Reno em contato com os da Provença, Espanha, Itália, África e Oriente.

O comércio internacional e atacadista era dominado pelas Feiras Regionais. Podemos citar como de maior importância as da França – Paris, Lyon, Reims e Champagne – (427), da Alemanha – Colônia e Frankfurt, Leipzig e Lübeck – (1170) e da Itália – Ferrara e Parma.

Além dessas feiras, outras de menor repercussão ocorriam em Flandres (Lille, Ypres, Douai e Bruges), na Turquia, na Espanha – Valladolid (em Leão e Castela, em 1125), na Inglaterra – Londres e Stourbridge –, na Áustria, na Suíça (Genebra) e na Rússia (Nijni-Novgorod).

Nesses países foi grande a influência das feiras, não só no processo de intercâmbio interno como também no processo civilizador que acompanha o contato com as novidades.

Além das Feiras Regionais, principalmente as da Região de Champagne, outras começaram a surgir e, em 629, próximo de Paris, surgiu uma feira dedicada a St. Denis, com duração de quatro semanas.

Já é sabido que as feiras eram grandes fontes geradoras de riqueza e a França foi um país que soube explorar esse tipo de evento. É fato que, além das outras feiras que aconteciam em seu território, havia, desde 1110, na cidade de Paris, as feiras dedicadas a St. Lazare e a de St. Germain. Posteriormente, foram criadas outras feiras no interior, tão famosas quanto as que já possuía Beaucaire (1217) e Nimes (1222).

Portugal, país de grandes navegadores e conquistadores, para manter suas rotas mercantis, também utilizava as feiras como forma de abastecer as necessidades do seu país e trocar seus produtos com outros mercados.

A feira mais antiga de Portugal é a de Ponte Lima (1125), surgindo ainda, no mesmo século, as de Melgaço e de Constantim de Panóias.

Em 1211, a Inglaterra ganhou a concessão do Rei John para a Feira de Stourbridge.

Em 1229, Portugal criou as feiras de Vila Nova de Famalicão e Castelo de Mendo. A partir do reinado de Afonso III de Portugal (1248-1279), as feiras se multiplicaram, em razão de garantias e privilégios que foram concedidos aos feirantes, por exemplo, as feiras deixariam de acontecer em espaços confinados, como ao Norte do Rio Douro ou nas imediações da fronteira do Reino de Leão, e passariam a ocorrer nos principais centros urbanos.

Em Portugal, a partir do reinado de Fernando I de Portugal (1357-1367), a situação das feiras no país começa a se alterar devido às guerras sucessivas com o Reino de Castela, na Espanha. Em seguida acontece a revolução de 1383-1385, que trouxe como consequência maior reforço na proteção dos comerciantes da cidade, em detrimento aos mercadores ambulantes, resultando no início da decadência das feiras no país.

Na França, as feiras entraram em decadência no reinado de Felipe IV (1285-1314), pois o rei resolveu regulamentá-las, cobrando uma série de taxas, levando-as a uma situação de penúria que terminou cessando a atividade. Isso fez com que outros países começassem a se destacar no ramo.

Em Portugal, devido aos fatos já citados anteriormente, a atividade feira continuava enfraquecendo, culminando com sua decadência no período do Reinado de Manoel I de Portugal (1495-1521). Após esse período ruim, o país resolve retomar a atividade, instituindo a Feira de Vila Viçosa (1528) e a Feira da cidade do Porto (1576 e 1720).

Na França, ocorre situação semelhante: após o reinado de Felipe IV, a atividade das feiras comerciais foi reativada com a criação das feiras de Lyon, em 1463, de Rouen e Bordeaux, em 1505, de Toulouse, em 1595, de St. Lourenço, em 1622, e a de St. Ovídio, em 1761.

A França sempre foi a pioneira na realização de feiras, mas outros países começaram a se interessar pelo ramo por perceberem que eram grandes acontecimentos e possuíam um caráter informativo; por seu intermédio, as pessoas entravam em contato com as novidades que estavam sendo produzidas, tanto de origem nacional como internacional, o que propiciava a comercialização dos produtos e gerava riquezas para o país.

A Alemanha instituiu, em 1628, a Feira de Leipzig, que é a mais antiga do país, famosa até hoje e responsável por atrair milhões de turistas todos os anos.

As feiras realizadas nesse período criaram um mercado internacional, como também provocaram o deslocamento de um grande número de pessoas interessadas em efetuar negócios, conhecer as novidades e até mesmo estabelecer contatos com outros povos.

Esse período foi muito rico em termos de atividade comercial, devido à grande quantidade de feiras que originou. Algumas delas perduram até os dias atuais e são importantes para o Turismo de Eventos, porque as bases para seu desenvolvimento começaram a ser plantadas.

Os primeiros eventos científicos e técnicos: o surgimento do turismo e do turismo de eventos

O primeiro congresso científico ocorreu em 1681, em Roma. Foi o Congresso de Medicina Geral, que deu início a eventos de cunho não religioso.

Posteriormente surgiram os eventos técnicos. O primeiro deles foi o Congresso de Viena, que aconteceu em 1815, após a derrota de Napoleão. Esse congresso reuniu as potências europeias para elaborar um acordo de paz e decidir sobre a redistribuição dos territórios que haviam sido conquistados por Napoleão na sua política expansionista. As discussões do congresso duraram meses.

Em 1841, aconteceu o Congresso Antialcoólico nas cidades de Leicester e Loughborough. O inglês Thomas Cook, também conhecido como o pai das viagens organizadas, levou 570 pessoas para participarem do congresso. Foi a partir desse evento que o Turismo se iniciou como atividade organizada e também surgiu o Turismo de Eventos.

Os concílios, eventos originados na Idade Média, continuaram a acontecer e, em 1869, o Papa Beato Pio IX convocou e presidiu o I Concílio do Vaticano, no qual se definiram os dogmas sobre o primado do Papa e da infalibilidade pontifícia. Nesse evento, segundo registros, estiveram presentes cerca de 744 participantes.

O II Concílio Vaticano aconteceu no período de 1962 a 1965, foi convocado e presidido inicialmente pelo Papa João XXIII e, após sua morte, pelo Papa Paulo VI. Os temas principais discutidos no evento foram: abertura da Igreja aos tempos atuais; reforma da liturgia; constituição da Igreja, alicerçada na igual dignidade de todos os fiéis; revelação divina; liberdade religiosa; ecumenismo e apostolado dos leigos. Como esse evento aconteceu em uma época em que os meios de comunicação e de transporte já estavam bem desenvolvidos, o número de participantes foi bastante considerável em relação aos eventos anteriores, conforme já foi mostrado (Quadro 1.1), isto é, chegou a 2.540 participantes.

No ano de 1872, aconteceu o Congresso de Veneza, voltado para educadores de surdos. Nesse evento, chegaram-se às seguintes conclusões: o meio humano para a comunicação do pensamento é a linguagem oral; se orientados, os surdos podem ler os lábios e falar; e a linguagem oral tem vantagens para o desenvolvimento do intelecto, da moral e da linguística.

Posteriormente, em 1880, é realizado o Congresso de Milão, que foi um evento internacional voltado também para educadores de surdos. Nesse congresso é declarado que a educação oralista é superior à da língua gestual, sendo aprovada uma resolução proibindo o uso da linguagem gestual nas escolas.

Em 1884, Bismarck e Jules Ferry, o primeiro Ministro da França, convocaram a Conferência de Berlim, reunião internacional das grandes potências, para estabelecer algumas regras para a ocupação da África ao Sul do Saara pelas potências colonizadoras, que resultou em uma divisão que não respeitou a história, as relações étnicas e mesmo familiares dos povos do continente.

Em meados do século XX, como fruto da Primeira Guerra Mundial, em 1919, aconteceu a Conferência de Paz, em que representantes dos poderes aliados reuniram-se em Paris para delinear os termos de paz para a guerra.

No período entre a Primeira e a Segunda Guerra Mundial, vários outros eventos científicos e técnicos aconteceram pelo mundo, mas a sua identificação não foi possível pela inexistência de registros.

A Consolidação do Turismo de Eventos

O advento da Revolução Industrial trouxe um novo impulso para uma atividade comercial que existia desde a Idade Média, a feira. As feiras tornaram-se verdadeiras organizações comerciais planejadas, que passaram a motivar ainda mais as pessoas a se deslocarem em busca de informações e troca de produtos, fazendo com que as viagens a partir daí passassem a apresentar também interesse profissional.

Para atender a esse novo tipo de atividade emergente, espaços foram adaptados, construídos e tornaram-se as bases que desenvolveram o Turismo de Eventos.

O primeiro espaço foi a Society of Arts, mais tarde rebatizada de Royal Society of Arts, criada em 1754 com o objetivo de estimular as artes e a indústria. Esse propósito foi consolidado por meio de concursos que visavam o desenvolvimento e as habilidades em desenho, agricultura, silvicultura e produção industrial.

A Royal Society of Arts adquiriu os desenhos, os modelos e as máquinas premiadas e, em 1761, realizou exposição de suas aquisições. Posteriormente, essa exposição foi transformada em museu.

Nessa época, segundo alguns estudiosos, iniciou-se a 1ª fase da Revolução Industrial (1760-1850), que se restringiu somente ao Reino Unido, dando a Inglaterra o título de "Oficina do Mundo". Esse tipo de afirmação é um pouco contraditória, porque outros países já apresentavam alguma produção industrial, possivelmente com processos produtivos artesanais.

Em 1776, Portugal, durante o Governo do Marques de Pombal, realizou durante três dias, em Oieiras, uma feira que pode ser considerada a primeira feira industrial portuguesa, pois nela só foram expostos produtos nacionais, tendência esta adotada posteriormente pelas feiras francesas.

A seguir, a França, em 1797, realizou, no Castelo de Cloud, uma feira organizada pelo comissário das Fábricas Reais, Tapeçarias Gobelin, Sèvres (porcelana) e Savonneries (tapetes), para acelerar a venda dos estoques e diminuir o desemprego entre as pessoas que trabalhavam nas indústrias.

Esse evento estimulou o Ministro do Interior Louis François de Neufchâteau a propor a realização da primeira *Exposition des Produits de L'Industrie*, de caráter nacional, que além de visar impulsionar a economia, objetivava também "mostrar à Inglaterra monárquica, que a liberdade da república podia promover o desenvolvimento da indústria, e consequentemente, a riqueza do povo" (Lopes, 2007, p.19).

As transformações socioeconômicas ocorridas nessa época e as ideias de pensadores como Voltaire, Diderot e Rousseau, que ressaltavam a importância da indústria e dos diferentes ofícios, dignificando o trabalho braçal, marcaram a queda do preconceito contra as atividades manuais, contribuindo para o surgimento de várias exposições industriais nacionais na França.

A primeira edição da *Exposition des Produits de L'Industrie*, em 1798, foi considerada um evento festivo, aconteceu no Champ de Mars, local onde haviam ocorrido todas as comemorações nacionais desde o fim da monarquia. Essa exposição, por ter caráter especificamente industrial, não teve nenhuma obra de arte exposta. Devido ao sucesso que alcançou a exposição, ficou previsto que, a partir de então, seria realizada anualmente. Mas, em função de inúmeras dificuldades que surgiram, a segunda edição só aconteceu em 1801, marcando o inicio de uma série de exposições que aconteceram no Champ de Mars e no Louvre.

Na exposição de 1802, começaram a aparecer problemas de ordem de organziação em relação a periodicidade e também de qualidade dos objetos expostos, devido ao curto prazo para a sua produção. Caso fosse mantida a periodicidade anual das exposições, isso traria problemas de ordem social e econômica, porque a produção teria que se adequar às necessidades das exposições, podendo trazer consequencias negativas para a indústria francesa, isto é, ser considerada de segunda categoria, devido à falta de qualidade dos produtos expostos.

A próxima exposição só aconteceu em 1806, e a organização estipulou prêmios aos produtos que realmente foram aperfeiçoados e modernizados na produção.

As exposições continuaram a acontecer durante o Primeiro Império Francês, entre 1819 e 1839, com a periodicidade de quatro em quatro anos.

A exposição de 1827 foi a última a acontecer no Louvre. Para a edição de 1834 foram construídos pavilhões temporários na Place de la Concorde, marcando a mudança da periodicidade de ocorrência das exposições, que passou a ser de cinco em cinco anos. As edições de 1839 e 1844 aconteceram nos Champs-Elysées. Na exposição de 1844, foi feita uma revisão nos princípios expositivos, isto é, foi retomada a discussão sobre a qualidade dos produtos que estavam sendo expostos, e também surgiu pela primeira vez a ideia de se construir espaços exclusivos e permanentes para as exposições, ao contrário do que estava ocorrendo, a construção de pavilhões provisórios a cada quatro ou cinco anos.

Em 1848, o Ministro do Comércio da França, Tourret, demonstrando vontade expressa por Boucher de Perthes em 1849, apresentou a proposta de internacionalizar a exposição de 1848, isto é, convidar todas as nações para participarem do evento. Esse pronunciamento mexeu com as câmaras de comércio francesa e industriais que, temerosas com a concorrência estrangeira, protestaram e a proposta não foi aceita.

A exposição de 1849, *Exposicion Nationale de L'Industrie Agricole et Manufacturieri*, foi a última exposição nacional francesa, podendo ser considerada o embrião das exposições universais, pois manteve suas portas abertas nos jardins dos Champs-Elysées durante seis meses.

A ideia apresentada pelo Ministro do Comércio da França, de realizar uma exposição de escala mundial, foi aplicada pelos ingleses, sendo concretizada na Exposição Internacional de 1851, em Londres.

O primeiro pavilhão de feiras e exposições do mundo foi o Palácio de Cristal, em Hyde Park, na Inglaterra, construído em 1851 para sediar a primeira de uma série de grandes feiras e exposições internacionais, conforme mostra o Quadro 1.2.

O Palácio de Cristal foi construído para esse evento com a aplicação de novas tecnologias, combinando elementos como vidro, ferro, aço e concreto armado. Apresentava uma gigantesca estrutura, da qual sobressaía uma imensa abóbada de vidro, sustentada por uma armação de ferro. Essa primeira utilização de vidro em grande escala trouxe notoriedade para seu idealizador, Sir Joseph Paxton, além de representar um progresso considerável para a arquitetura da civilização industrial.

Para a Exposição Mundial de Londres, o inglês Thomas Cook organizou uma viagem a fim de levar 165 mil pessoas para assistir ao evento.

A construção do Palácio de Cristal e a visão empreendedora de Thomas Cook formaram o casamento ideal, que sedimentou o desenvolvimento do Turismo de Eventos.

Quadro 1.2 Exposições mundiais no período de 1851 a 1967.

Ano	Local	Expositores	Área/m²	N. visitantes
1851	Londres	13.037	105.222	6.039.105
1855	Paris	20.839	99.152	5.162.330
1862	Londres	28.653	91.058	6.211.113
1867	Paris	43.127	165.927	6.805.969
1873	Viena	25.760	161.880	6.740.000
1876	Filadélfia	60.000	242.820	9.892.625
1878	Paris	52.835	267.102	16.100.000
1879	Sydney	9.345	60.705	1.117.536
1880	Melbourne	12.792	80.940	1.330.279
1886	Londres	(–)	52.611	5.550.745
1889	Paris	61.722	291.384	32.350.197
1893	Chicago	(–)	809.400	21.477.212
1900	Paris	9.000.000	2.221.803	30.000.000
1901	Buffalo	3.500	1.416.450	8.120.048
1901	Glasgow	(–)	(–)	11.559.649
1904	St. Louis	(–)	5.147.784	19.695.000
1905	Liége	16.119	700.131	7.000.000
1908	Londres	13.500	566.580	8.396.673
1910	Bruxelas	(–)	809.400	4.196.939
1915[1]	São Francisco	30.000	2.569.845	13.127.103
1924/25	Wembley	(–)	890.340	27.102.498
1926	Filadélfia	(–)	(–)	5.852.783
1931	Paris	12.000	2.023.500	33.500.000
1933	Chicago	(–)	1.715.928	22.565.859
1935	Bruxelas	9.000	1.517.625	26.000.000
1937	Paris	11.000	1.011.750	34.000.000
1938	Chicago	(–)	(–)	(–)
1939/40[1]	Nova York	(–)	4.921.152	44.932.978
1951	Londres	(–)	(–)	18.000.000
1958	Bruxelas	(–)	(–)	10.000.000
1962	Seattle	(–)	(–)	40.000.000
1964/65	Nova York	(–)	(–)	31.700.000
1967	Montreal	(–)	(–)	10.000.000

Fonte: Brasil (s.d.).
Nota: (–) Dados não disponíveis.
  (1) As Exposições Mundiais foram interrompidas a partir dessas datas em consequência das Primeira e Segunda Guerras Mundiais.

Após a realização da feira, o Palácio de Cristal foi transferido do Hyde Park para Sydenham e lá permaneceu até ser destruído por um incêndio, em 1936.

Posteriormente, outro pavilhão de feira foi construído em South Kensington, Londres, para sediar a Feira e Exposição Internacional de 1862. Hoje funcionam, no local, os Museus de Ciência e História Natural.

Em 1853, realizaram, nos Estados Unidos, a construção de um edifício semelhante ao Palácio de Cristal, para sediar a Feira de Nova York.

A primeira Exposição Universal de Paris aconteceu em 1855. Foi promovida por Napoleão III e tinha por objetivo reforçar o prestígio do Império e mostrar os produtos da indústria francesa para competir com os estrangeiros. Para a construção do edifício que sediaria o evento, elaboraram um projeto em que predominavam o ferro e o vidro, mas a indústria francesa não estava preparada como a inglesa para atender a tais solicitações. O edifício foi construído em alvenaria e utilizou o ferro apenas para a cobertura da sala. Recebeu o nome de Palais de L'Industrie e só o demoliram para a construção do Grand Palais para a exposição de 1900.

A Exposição Universal de Paris de 1867 foi organizada no Campo de Marte, em um edifício provisório, de forma oval, composto por sete galerias.

Em Viena, foi construído no Prater um edifício formado por uma gigantesca rotunda com 102 metros de diâmetro, obra do arquiteto inglês Scott Russel, destinado a sediar a Exposição Universal.

Na França, os edifícios do Trocadero foram construídos para a Feira de 1878. Estão localizados no Campo de Marte e serviram para sediar outras feiras realizadas posteriormente. A principal delas foi a feira comemorativa do centenário da Revolução Francesa, em 1889. Para essa ocasião, foi construída a Torre Eiffel como o grande atrativo da feira.

O Grand Palais, o Petit Palais e a Ponte Alexandre são as reminiscências da Grande Feira de 1900.

Como podemos observar, após a realização da Exposição Mundial de Londres, várias outras exposições aconteceram pelo mundo, o que propiciou a construção de muitos outros pavilhões de feiras e exposições e também a movimentação de um grande número de pessoas, desenvolvendo cada vez mais o Turismo de Eventos.

Além das exposições apresentadas, várias outras aconteceram, mas, em virtude da inexistência de informações sobre elas, serão identificadas apenas a título de conhecimento. São elas: Amsterdã (1883), Antuérpia (1885), New Orleans (1885), Barcelona (1888), Copenhague (1888), Bruxelas (1888) e Roma (1937).

Com a Revolução Industrial, o número de feiras e exposições aumentava cada vez mais, pois era uma forma de mostrar e vender os produtos que estavam sendo produzidos pelas indústrias e manter o nível de emprego.

Segundo Maurice Issac, primeiro diretor do *Bureau International de Expositions* – BIE:[11]

> Com o aumento do sucesso das Expos, os problemas, as incertezas e as possibilidades de conflitos também aumentaram. Por um longo tempo, as exposições internacionais não seguiam nenhuma regra, senão as previstas pelo país onde eram organizadas [...]. A lei interna do país estava sozinha no governo de cada evento. Uma exposição era Internacional, não porque suas regras de organização foram deliberadas em conjunto pelos países pró--execução de uma causa comum, mas pelo simples fato de que diferentes países tomaram parte nela.

Para tentar organizar a atividade, o BIE elaborou "A Convenção de Paris", que foi assinada, em 22 de novembro de 1928, em Paris, França, em reunião convocada pelo governo francês. A Convenção de Paris visava disciplinar a atividade de organização das exposições mundiais, definindo o que é exposição, como também modificou a sua classificação. No artigo 1º define as exposições como:

> Uma exposição é uma exposição que, independentemente do seu título, tem como objetivo principal a educação do público: ela pode apre-

---

[11] Bureau International de Expositions (BIE) é uma organização intergovernamental, que foi criada por uma convenção internacional assinada em Paris, França, em 1928, e tem por finalidade supervisionar o calendário, a licitação, a seleção e a organização das exposições mundiais e internacionais/especializadas e também estabelecer os direitos e responsabilidades dos participantes da Expo. O papel do BIE consiste em supervisionar e garantir a aplicação da presente convenção.

sentar os meios à disposição do homem para satisfazer as necessidades da civilização, ou demonstrar os progressos realizados em um ou mais ramos do esforço humano, ou demonstrar perspectivas para o futuro.

A assinatura da Convenção de Paris (1928) também promoveu modificações na classificação das feiras, que foram implantadas a partir de 1931. O BIE passou a classificar as feiras em geral e especial.

Segundo o BIE (apud MIC: 39), feira geral é a que exibe produtos de mais de um setor de atividade humana ou que se organiza para demonstrar os progressos efetuados no conjunto de toda uma esfera de atividade humana, como higiene, artes plásticas, conforto moderno, desenvolvimento colonial etc. A feira geral pode ainda se dividir em duas categorias:

✦ 1ª categoria: os países convidados devem construir seus pavilhões;
✦ 2ª categoria: os países convidados não são obrigados a construir seus pavilhões.

Ainda de acordo com o BIE (apud MIC: 39), "a feira especial é aquela que exibe apenas o que se refere a uma ciência ou atividade".

A Convenção de Paris (1928) estabelecia as exposições universais, como de 1ª categoria e as exposições internacionais como de 2ª categoria, distinção essa não muito bem aceita, pois dava a entender que seria um evento de segunda linha. As exposições universais realizadas de acordo com essa classificação foram: Montreal (1967) e Osaka (1970).

Em 1988, a classificação das exposições universais sofreram alteração passando a ser categorizadas em expo mundial ou "registrada" e expo internacional/especializada ou "Reconhecida". Esses dois tipos de exposições diferem principalmente no tamanho, na duração e no âmbito do tema, conforme mostra o Quadro 1.3 seguir. A classificação atual foi alterada em 1988, mas somente aplicada a partir de 1996.

As exposições universais realizadas a partir da nova classificação foram: Sevilha (1992); Hannover (2000); Aichi (2005) e Xangai (2010).[12]

---

[12] Sevilha 1992 encontra-se nessa lista porque quando Sevilha foi eleita para sediar o evento, ela atendeu a todas as exigências da classificação anterior, e as mudanças para alterar a classificação para a atual já estavam em curso.

Quadro 1.3 Características das exposições mundial e internacional/especializada.

	Expo Mundial	Expo Internacional/Especializada
Categoria	Registrada	Reconhecida
Frequência	A cada 5 anos	Entre 2 Expos Mundiais
Duração máxima	6 meses	3 meses
Participação	Estados, organizações internacionais, sociedade civil, empresas	Estados, organizações internacionais, sociedade civil, empresas
Tema	O tema deve refletir uma preocupação universal	O tema deve ser especializado
Construção	Os participantes devem projetar e construir seus pavilhões	O organizador faz a disposição dos participantes nos módulos dos pavilhões "livres de aluguel e encargos"
Local	Superfície ilimitada	Máximo de 25 hectares (2.500 m²)
Cidade anfitriã	Cidade olhando para acelerar os projetos de renovação urbana e econômica	Cidade procurando estabelecer-se na arena internacional e promover o crescimento

Fonte: http://www.bie-paris.org. Acesso em 31/10/2010.

Após um milênio de sucesso, interrompido pelo poderio idiossincrático, foram reavivados os Jogos Olímpicos em 1896, pelo Barão de Coubertin. Munido da melhor das intenções, ele tencionava transportar da Grécia Antiga a áurea perdida. A cidade de Atenas sediou a primeira versão dos Jogos Olímpicos da Era Moderna, que hoje se tornou um evento milionário, no qual, além de atletas e países, companhias ligadas ao esporte competem pela supremacia mundial.

Com o passar dos anos, os Jogos Olímpicos têm apresentado um número cada vez maior de participantes e de espectadores do mundo inteiro, que se deslocam para o país-sede para assistir às competições. Esse evento somente ocorre no país que apresenta oferta de meios de hospedagem, transporte, instalações esportivas diversas, segurança e outros serviços complementares necessários para receber todos os participantes (Quadro 1.4).

Os primeiros Jogos Olímpicos do terceiro milênio aconteceram em 2004 em Atenas, Grécia, retornando às suas origens. Para sediar o evento, Atenas preparou-se e disputou com mais de dez cidades: Buenos Aires (Argentina), Cidade do Cabo (África do Sul), Estocolmo (Suécia), Istambul (Turquia), Lille (França), Rio de Janeiro (Brasil), Roma (Itália), San Juan (Porto Rico), Sevilha (Espanha) e São Petersburgo (Rússia).

Quadro 1.4 Jogos Olímpicos no período de 1896 a 2016.

Ano	Local
1896	Atenas
1900	Paris
1904	St. Louis
1908	Londres
1912	Estocolmo[1]
1920	Antuérpia
1924	Paris
1928	Amsterdã
1932	Los Angeles
1936	Berlim[1]
1948	Londres
1952	Helsinki
1956	Melbourne
1960	Roma
1964	Tóquio
1968	México
1972	Munique
1976	Montreal
1980	Moscou
1984	Los Angeles
1988	Seul
1992	Barcelona
1996	Atlanta
2000	Sydney
2004	Atenas
2008	Pequim
2012	Londres
2016	Rio de Janeiro

Fonte: Fuster/Departamento de Jornalismo da TV Globo.
Nota: (1) Os Jogos Olímpicos a partir dessas datas apresentaram um período de interrupção em consequência da Primeira e da Segunda Guerras Mundiais.

O governo grego investiu na construção de estádios, ginásios, vila olímpica e também em transportes e segurança, entre outros, para receber os 10.500 atletas e 3.000 equipes de 201 países, incluindo Afeganistão, que havia sido suspenso pelo Comitê Olímpico Internacional (COI) na última edição dos jogos, e Iraque, que até o início de 2004 corria risco de não poder participar do evento. Toda essa estrutura foi disponibilizada não só para os atletas, mas também para a imprensa.

Cabe ressaltar ainda que os Jogos Olímpicos de Atenas (2004) utilizaram instalações, como o Estádio Panatenaico, que foi o principal palco da primeira edição dos Jogos da Era Moderna (1896).

Para sediar o evento de 2012, o processo de captação iniciou-se em 2003, com o registro de intenção pelas cidades interessadas. As cidades de São Paulo e Rio de Janeiro manifestaram intenção de representar o Brasil nessa disputa. Inicialmente, o processo aconteceu em âmbito nacional, porque somente uma cidade por país pode participar. Essa disputa interna foi vencida pelo Rio de Janeiro, que, posteriormente, não conseguiu ascender à etapa internacional.

A fase final da disputa para sediar os Jogos Olímpicos de 2012 aconteceu em 2005 e nela participaram as seguintes cidades: Londres (Inglaterra), Paris (França), Madri (Espanha), Moscou (Rússia) e Nova York (EUA). A vencedora para sediar os Jogos Olímpicos de 2012 foi Londres.

As cidades que concorreram à sede dos Jogos Olímpicos de 2016 foram: Tóquio (Japão), Madri (Espanha), Chicago (EUA) e Rio de Janeiro (Brasil). Em outubro de 2009, em Copenhague, na Dinamarca, a cidade do Rio de Janeiro foi a eleita.

Como podemos verificar, o Turismo de Eventos, para se desenvolver, não necessita somente de espaços que possibilitem a realização dos eventos, mas também de meios de hospedagem e transportes, que são a base de sustentação da atividade turística.

No século XX, foram instituídas as Feiras de Amostras. A Feira de Leipzig (1894) foi a precursora delas, pois já havia alcançado reputação internacional no fim do século XIX.

A Feira de Paris (Feira de Amostra), instituída em 1904, sob a proteção da Câmara de Comércio, é a única além da de Leipzig anterior à Primeira Guerra Mundial. Não foi encontrado nenhum registro que identificasse o local onde ela ocorreu.

Além das Feiras de Amostras que antecedem à Primeira Guerra Mundial, aconteceu também em Paris, em 1910, o Salon d'Automne de Paris, que mostrou a arte nova e o modernismo antes da guerra.

A Inglaterra só iniciou suas atividades na organização de Feiras de Amostras de caráter nacional em 1915. A Feira de Indústrias da Grã-Bretanha teve por objetivo mostrar aos homens de negócios ingleses e estrangeiros os artigos produzidos no país, que antes eram importados da Alemanha.

As principais feiras de amostras realizadas no período de 1916 a 1927, que levaram um grande número de pessoas aos países onde estavam ocorrendo, são mostradas no Quadro 1.5.

As feiras de amostras continuaram a acontecer e, em 1935, foi a vez da Itália de realizar sua experiência, organizando a Feira de Amostras no Pavilhão do Instituto Nacional de Arquitetura de Milão.

Em 1939, a Feira de Leipzig (feira de amostras) precisou de 24 pavilhões espalhados pela cidade, tal a grandiosidade que alcançou. Hoje, ela faz parte dos calendários internacionais de feiras e recebe milhares de pessoas durante a sua realização.

Quadro 1.5 Feiras de amostras no período de 1916 a 1927.

Ano	Local	Feira
1916	França	Feira de Lyon
1916	França	Feira de Bordeaux
1917	França	Feira de Paris
1917	Espanha	Feira de Valência
1920	Espanha	Feira de Barcelona
1920	Bélgica	Feira de Bruxelas
1920	Tcheco-Eslováquia	Feira de Praga
1926	França	Feira de Bordeaux
1927	França	Feira de Lille

Fonte: Brasil. (s.d.).

Em 1922, surgiu na Alemanha a Sociedade Feira de Colônia, com imóvel próprio para sediar seus eventos, localizado na região central da cidade, próxima ao Rio Reno. Atualmente, além do recinto de exposições, possui instalações para congressos e convenções, com capacidade para 12 mil pessoas, estúdio de videoconferência, 34 restaurantes com 73 mil lugares, estacionamento para 14 mil veículos e 1 heliporto.

No ano de 1925, aconteceu em Paris a Exposição Internacional de Artes Decorativas de Paris.

Em 1928, o Palácio das Exposições de Roma apresentou a 1ª Mostra de Arquitetura Racional.

Um evento de grande destaque desde o seu surgimento, em 1930, até hoje, e que tem contribuído muito para o desenvolvimento do turismo de eventos no mundo é a Copa do Mundo, que sempre movimentou um grande número de países participantes, como também de espectadores para o país-sede do evento.

A Copa do Mundo é um evento mundial que envolve uma série de países, não só do ponto de vista esportivo, mas também econômico e político. O Quadro 1.6 mostra os países-sede do campeonato. Analisando caso a caso, sempre se encontra uma ligação com algum momento político e/ou econômico importante que fez com que determinado país fosse escolhido para sediar a Copa do Mundo.

Quadro 1.6 Países-sede da Copa do Mundo no período de 1930 a 2014.

Ano	País
1930	Uruguai
1934	Itália
1938[1]	Alemanha
1950	Brasil
1954	Suíça
1958	Suécia
1962	Chile
1966	Inglaterra
1970	México
1974	Alemanha
1978	Argentina
1982	Espanha
1986	México
1990	Itália
1994	Estados Unidos
1998	França
2002	Japão e Coreia
2006	Alemanha
2010	África do Sul
2014	Brasil

Fonte: Fundação Padre Anchieta – TV Cultura (1999).
Nota: [1] A partir dessa data até 1950 os eventos da Copa do Mundo foram suspensos em consequência da Segunda Guerra Mundial.

O Uruguai foi escolhido em 1930 como sede da primeira Copa porque sua seleção havia vencido os Jogos Olímpicos de 1924, em Paris, e de 1928, em Amsterdã. Das seleções europeias, apenas as da França, Bélgica, Romênia e Iugoslávia se dispuseram a pegar um navio para Montevidéu.

O evento de 1934 aconteceu na Itália e, para Benito Mussolini, era um ponto de honra ganhar a Copa do Mundo que sediaria, porque a vitória dos italianos seria propaganda do fascismo, regime autoritário que avançava na Europa. Para garantir o melhor time possível, Mussolini mudou leis a fim de facilitar a naturalização de bons jogadores descendentes de italianos que nasceram em outros países.

Com relação à Copa do Mundo de 1950, realizada no Brasil, podemos afirmar que dois fatos contribuíram para que o evento acontecesse em nosso país: a volta de Getúlio Vargas ao poder e porque o Brasil era o único país fora da Europa, destruída pela Segunda Guerra Mundial, que estava predisposto a sediar o campeonato e tinha condições para isso. A realização do evento no Brasil coincidiu com a inauguração do Estádio Mário Filho, também conhecido como Estádio do Maracanã.

Em 1986, o México foi palco do campeonato, em consequência da desistência da Colômbia de sediar o evento em função de problemas políticos e de segurança que afetavam o país e perduram até os dias de hoje. Mesmo a capital mexicana tendo sido arrasada por um terremoto em setembro de 1985, o país se preparou às pressas e tudo correu sem nenhum problema.

A Copa do Mundo de 1998, realizada na França, recebeu durante seu acontecimento seleções de 32 países, 13 mil jornalistas para cobrir o evento e, aproximadamente, 2,5 milhões de espectadores, que contribuíram para aumentar o número de turistas que visitam o país.

Com relação à Copa do Mundo de 2002, podemos verificar que ocorreu inovação em termos de organização, isto é, foi sediada por dois países asiáticos: Japão e Coreia do Sul. Nessa edição da Copa do Mundo, o Brasil consagrou-se pentacampeão do mundo depois de uma campanha de classificação bastante abaixo das expectativas dos brasileiros.

A Copa do Mundo de 2006 foi realizada na Alemanha. Para sediar o evento, o governo alemão reformou doze estádios nas cidades-sede dos jogos e investiu cerca de € 30 milhões na programação cultural do evento.

A 18ª edição do evento teve a participação de equipes de 32 países dos cinco continentes e durou 30 dias, período em que foram disputadas 64 partidas e que teve a Itália como vencedora. Esta, por sua vez, tornou-se tetracampeã do mundo.

Como dito anteriormente, o país escolhido para sediar a Copa do Mundo sempre apresenta traços e/ou ligações com algum fato econômico e/ou político importante. Com a Alemanha não foi diferente, quando foi escolhida, estava passando pelo processo de reunificação das Alemanhas, iniciado em 1989 com a queda do Muro de Berlim. Durante o evento, o esporte serviu para fazer com que os alemães voltassem a demonstrar seu amor pelo país, aceitar seus símbolos nacionais e ter orgulho deles, por exemplo, a bandeira.

Em junho de 2009, aconteceu na África do Sul a Copa das Confederações, um evento para testar as instalações e demais serviços que foram utilizados na Copa do Mundo de 2010.

A Copa do Mundo de 2010 foi realizada na África do Sul, em nove cidades-sede, que foram: Johannesburg, Cidade do Cabo, Durban, Pretória, Port Elizabeth, Bloemfontein, Rustenburg, Neslpruit e Polokwane. O evento aconteceu em dez estádios, cinco dos quais já existiam e foram reformados, e cinco foram contruídos para o evento. Por ocasião da Copa, o país recebeu a visita de cerca de 300 mil turistas.

O evento de 2014 acontecerá no Brasil, os preparativos já se iniciaram após a Fedération Internationale of Football Association – Fifa, ter anunciado no dia 31 de maio de 2009, em entrevista coletiva na cidade de Nassau, nas Bahamas, as doze cidades brasileiras que irão sediar a Copa do Mundo Fifa 2014. As cidades escolhidas entre as dezessete candidatas foram:

+ Belo Horizonte – MG;
+ Brasília – DF;
+ Cuiabá – MT;
+ Curitiba – PR;
+ Fortaleza – CE;
+ Manaus – AM;

+ Natal – RN;
+ Porto Alegre – RS;
+ Recife – PE;
+ Rio de Janeiro – RJ;
+ Salvador – BA;
+ São Paulo – SP.

O turismo de eventos é uma atividade econômica muito importante, pois garante a sobrevivência de muitas localidades que vivem do seu desenvolvimento.

Ainda na década de 1930, mais especificamente em 1932, as Delegações Sul-Americanas de Esporte Amador manifestaram junto ao COI o interesse em promover os esportes amadores na América, portanto, sugerindo a criação dos Jogos Pan-Americanos.

A ideia foi analisada, trabalhada e desencadeou o Primeiro Congresso Desportivo Pan-Americano em 1940. Nele, decidiu-se realizar os Jogos Pan-Americanos em Buenos Aires, Argentina, em 1942. A primeira edição do evento acabou sendo adiada para 1951, devido à Segunda Guerra Mundial. Os países-sede dos Jogos Pan-Americanos podem ser observados no Quadro 1.7.

Quadro 1.7 Países-sede dos Jogos Pan-Americanos no período de 1951 a 2015.

Ano	País
1951	Argentina
1955	México
1959	EUA
1963	Brasil
1967	Canadá
1971	Colômbia
1975	México
1979	Porto Rico
1983	Venezuela
1987	EUA
1991	Cuba
1995	Argentina

(continua)

Quadro 1.7 Países-sede dos Jogos Pan-Americanos no período de 1951 a 2015. *(continuação)*

Ano	País
1999	Canadá
2003	República Dominicana
2007	Brasil
2011	México
2015	Canadá

Fonte: http://www.bestsports.com.br (acessado em: 8/5/2009) e http://www.quadrodemedalhas.com (acessado em 2/7/2012).

A Segunda Guerra Mundial foi um período de interrupção e/ou adiamento na realização de eventos, consequentemente do desenvolvimento do turismo de eventos, conforme verificado anteriormente com relação às grandes feiras (em especial as que ocorriam na Alemanha), aos Jogos Olímpicos, à Copa do Mundo e aos Jogos Pan-Americanos. As atividades só foram retomadas após o término da guerra.

Para a Alemanha, a retomada da realização das feiras foi de grande importância, por ser a única forma de angariar fundos que o país encontrou para a reconstrução dos estragos provocados pela guerra. Dusseldorf iniciou essa nova fase porque já tinha uma tradição forte desde 1811 em feiras internacionais, o que contribuiu para que fosse criada a Sociedade Noroeste Alemã de Exposições, a Nowea, que colocou a cidade na rota internacional das feiras.

A Jornada Mundial da Juventude (JMJ) tem suas origens em 1984, quando o Papa João Paulo II fez um convite à juventude católica mundial para ir a Roma/Vaticano para celebrar o Jubileu Internacional da Juventude, no Domingo de Ramos. Para surpresa do Papa, compareceram ao evento 300 mil jovens do mundo inteiro. No ano seguinte (1985), foi declarado pela Organização das Nações Unidas (ONU) o Ano Internacional da Juventude, e ficou claro em Roma/Vaticano que outro encontro dos jovens do mundo com o Papa deveria acontecer. A Jornada da Juventude é uma semana de eventos da Igreja Católica para os jovens e com os jovens. Ela reúne milhares de jovens do mundo todo para celebrar a aprender sobre a fé "católica e para construir pontes de amizade e esperança entre continentes, povos e culturas"[13]. A partir de 1987, o evento passou a acontecer com periodicidade de dois em dois anos, sendo que a edição de 2011 ocorreu em Madri/Espanha e teve a presença de cerca de 2 milhões de jovens, e a edição de 2013 acontecerá no Brasil, na cidade do Rio de Janeiro/RJ (Quadro 1.8).

Quadro 1.8 Países-sede da Jornada Mundial da Juventude no período de 1984 a 2013.

Ano	Cidade	País
1984	Roma/Vaticano	Itália
1985	Roma/Vaticano	Itália
1987	Buenos Aires	Argentina
1989	Santiago de Compostela	Espanha
1991	Czestochowa	Polônia
1993	Denver	Estados Unidos
1995	Manila	Filipinas
1997	Paris	França
2000	Roma/Vaticano	Itália
2002	Toronto	Canadá
2005	Colônia	Alemanha
2008	Sydney	Austrália
2011	Madri	Espanha
2013	Rio de Janeiro	Brasil

Fonte: http://www.jmjbrasil.com.br. Acessado em 2/7/12.

Mesmo com todos os problemas econômicos, políticos e sociais que o mundo enfrenta, os eventos continuam acontecendo. A dificuldade de catalogar e identificar esses eventos é grande porque não existe um único organismo que desenvolva esse tipo de atividade.

Recentemente, ocorreram vários acontecimentos de grande importância mundial, alguns citados anteriormente, como a Copa do Mundo, Jogos Olímpicos, Jogos Pan-Americanos, e outros que se apresentam a seguir, como o Fórum Social Mundial (FSM) e o Fórum Mundial para a Paz e Desenvolvimento Sustentável.

---

[13] Disponível em: http://jmjbrasil.com.br. Acesso em: 20/7/2012.

O FSM teve sua primeira edição em 2001, no Brasil, na cidade de Porto Alegre, RS. É um evento que tem por objetivo propiciar o debate democrático de ideias, aprofundamento de reflexão, formulação de propostas, troca de experiências, articulação entre movimentos sociais, redes, organizações não governamentais (ONGs) e outras organizações da sociedade civil que se opõem ao neoliberalismo e ao domínio do mundo pelo capital e por qualquer forma de imperialismo (Quadro 1.9).

Quadro 1.9 Países-sede do Fórum Social Mundial no período de 2001 a 2013.

Ano	Cidade	País
2001	Porto Alegre/RS	Brasil
2002	Porto Alegre/RS	Brasil
2003	Porto Alegre/RS	Brasil
2004	Mumbai	Índia
2005	Porto Alegre/RS	Brasil
2006	Bamako/Mali	África
	Caracas	Venezuela
	Karachi	Paquistão
2007	Nairobi	Quênia
2008	(–)	
2009	Belém	Brasil
2011	Dakar	Senegal
2013	Túnis	Tunísia

Fonte: http://www.forumsocial.mundial.org.br. Acessado em: 31/1/2013.
Nota: (–) Não houve um evento centralizado, e sim uma semana de mobilização e ação global.

As duas edições subsequentes do evento aconteceram também em Porto Alegre, RS. Posteriormente passou a circular pelo mundo para ser considerado um evento internacional.[14]

O primeiro país a sediar o evento após o Brasil foi a Índia. Em 2006, a organização do evento optou por realizá-lo de forma policêntrica, isto

---

[14] Evento internacional, segundo a International Congress and Convention Association (ICCA), é todo evento itinerante por pelo menos três países, de periodicidade fixa, com um mínimo de cinquenta participantes e que esteja, pelo menos, em sua terceira edição.

é, em três continentes diferentes: América do Sul (Venezuela), África (Mali) e Ásia (Paquistão). A edição de 2007 aconteceu em Nairobi, no Quênia. Em 2008 não houve um evento centralizado, e sim uma semana de mobilização e ação global. Já a edição de 2009 retornou ao Brasil e aconteceu em Belém, PA, na Amazônia, a de 2011 em Dakar/Senegal e a edição de 2013 está prevista para ocorrer em Túnis, na Tunísia.

Outro evento de importância internacional é o Fórum Mundial de Turismo para a Paz e Desenvolvimento Sustentável, que foi criado com a missão de mudar destinos de pessoas, comunidades, regiões e países por meio do turismo sustentável.

O primeiro evento aconteceu em 2004 na cidade de Salvador, BA; sua segunda versão (2005) teve por cenário a cidade do Rio de Janeiro, RJ, e a edição de 2006 estava prevista para Porto Alegre, RS. Depois desta edição, não foi encontrada nenhuma informação sobre o referido evento.

Entre outros eventos, aconteceu o primeiro Conclave[15] do milênio nos dias 18 e 19 de abril de 2005, que elegeu o atual Papa Bento XVI, após a morte do Papa João Paulo II.

O surgimento dos eventos e do turismo de eventos no Brasil

Anteriormente à chegada da Família Real ao Brasil, segundo registros do Ministério da Indústria e Comércio (MIC), eram realizadas algumas feiras que possuíam características semelhantes às que ocorriam na Idade Média. Isto é, elas aconteciam em locais abertos, onde os comerciantes armavam suas barracas para vender os seus produtos.

As feiras geralmente aconteciam aos domingos ou em dias santos, em paralelo aos festejos religiosos. Nessas feiras, sempre havia a figura do cego cantador, o tirador de quadras, o poeta popular, os contadores de histórias e os mais diversos tipos de personagens.

---

[15] Conclave, do latim *cum clave*, que significa com chave, é a reunião em clausura muito rigorosa dos cardeais para eleição do papa. Os cardeais ficam incomunicáveis com o mundo exterior até haver um papa escolhido.

A feira mais famosa que acontecia nesses moldes era a do Largo da Glória, no Rio de Janeiro, que mais tarde deu origem a um mercado.

Esse tipo de feira, com o passar do tempo, foi sendo aperfeiçoado até apresentar a forma das atuais feiras que ocorrem nos grandes pavilhões de feiras e exposições.

O primeiro evento do qual se tem conhecimento, ocorrido em espaço destinado à realização de eventos, foi um Baile de Carnaval em 7 de fevereiro de 1840. Esse baile aconteceu nos salões do Hotel Itália, depois da proibição do entrudo, o precursor do Carnaval. Naquele mesmo mês e ano, o Café Neville, também no Rio de Janeiro, anunciava os seus bailes.

Em dezembro de 1861, no prédio da Escola Central do Largo de São Francisco no Rio de Janeiro, o Brasil realizou sua primeira Exposição Nacional, que era uma prévia, isto é, seriam escolhidos os produtos que iriam participar da Exposição Internacional de 1862, em Londres.

Posteriormente, aconteceram as II e III exposições nacionais e também as exposições regionais, em 1866 e 1873, no Rio de Janeiro e no Rio Grande do Sul, respectivamente.

Em 1875, em algumas salas da Faculdade de Direito do Largo São Francisco, aconteceu a primeira exposição provincial em São Paulo, que era preparatória para a Exposição Nacional do Rio de Janeiro, que ocorreu no mesmo ano, e visava a Exposição Internacional da Filadélfia de 1879.

Em 1881, ocorreu no Rio de Janeiro a exposição preparatória da Exposição Continental de Buenos Aires, que aconteceria no ano seguinte.

Até então, o Brasil não tinha nenhuma experiência em organizar eventos técnicos e científicos, feiras e exposições. Mas, com a organização das exposições nacionais preparativas das exposições internacionais, conseguiu adquirir e aprimorar seus conhecimentos em termos técnicos e organizacionais. As principais exposições internacionais que participou foram:

- Exposição Internacional de Londres (1862);
- Exposição Universal de Paris (1867);
- Exposição Universal de Viena (1873);
- Exposição da Filadélfia (1876);

+ Exposição Universal da Antuérpia (1885);
+ Exposição Universal de Paris (1889);
+ Exposição Universal Colombiana de Chicago (1893).

Para participar dessa última exposição, o Brasil realizou, nas dependências do Museu Nacional do Rio de Janeiro, uma exposição preparatória.

No ano de 1900, mesmo o Brasil não participando oficialmente da Exposição Internacional de Paris, o litógrafo Jules Martin elaborou a "Revista Industrial", para apresentar o comércio e a indústria paulista na França.

Em 1902, aconteceu uma Exposição Municipal em São Paulo, SP, e, em 1904, foi realizada uma Exposição Estadual de produtos, que foi preparatória para a Exposição Internacional de Saint Louis, ocorrida no mesmo ano.

Na Exposição Internacional de Saint Louis, vários comerciantes de São Paulo ganharam medalhas pela qualidade dos produtos que apresentaram; os Calçados Rocha, com fábrica em São Paulo, SP, foram premiados com medalha de ouro, como o melhor do Brasil.

As exposições agroindustriais começaram a ser organizadas em São Paulo a partir de 1906. Essas exposições provinciais, estaduais e municipais contavam com a adesão dos comerciantes paulistanos que visavam às exposições nacionais e internacionais. As exposições locais ganharam espaço e destaque, porque difundiam cada vez mais os padrões internacionais de exibição de produtos.

Em 1908, foi organizada outra exposição estadual (São Paulo) preparatória para a grande Exposição Nacional do Rio de Janeiro, que ocorreu no mesmo ano, no Pavilhão de Feiras da Praia Vermelha.

A Exposição Nacional do Rio de Janeiro foi um marco importantíssimo para a atividade eventos no Brasil, pois foi a primeira feira realizada no país nos moldes das atuais, sediada no primeiro local construído para receber grandes feiras.

A participação de São Paulo tanto na Exposição Internacional de Saint Louis (1904) como na Exposição Nacional do Rio de Janeiro (1908) começou a mostrar o papel do Estado de São Paulo no cenário comercial, industrial e agrícola do país.

O Brasil, porém, só se firma mesmo como organizador de feiras em 1922, quando realiza no Palácio de Festas, no Rio de Janeiro, a Exposição Internacional do Centenário, evento esse que tinha por objetivo comemorar o Centenário da Independência do Brasil. Vários outros acontecimentos paralelos ocorreram em outros espaços, como na Escola Nacional de Belas Artes.

Esse foi um grande passo para o Brasil começar a desenvolver o turismo de eventos. A Exposição Internacional do Centenário contou com a participação de quatorze países expositores: Argentina, Estados Unidos, Portugal, Inglaterra, Bélgica, França, Noruega, México, Dinamarca, Itália, Suécia, Uruguai, Tcheco-Eslováquia e Japão. A exposição aconteceu no período de 07.09.1922 a 02.07.1923. Ao todo, foram 15 pavilhões construídos no recinto do evento, que recebeu 3.626.402 pessoas, uma média diária de 12.723 visitantes.

Em 1923, foi inaugurado o Hotel Copacabana Palace, no Rio de Janeiro, passando a abrigar em seus salões os mais diversos tipos de eventos, que atraem um grande número de participantes até os dias de hoje.

Ainda na década de 1920, mais especificamente no ano de 1928, o Brasil realizou o seu primeiro evento de turismo, chamado Convenção Interestadual de Turismo, organizado pela Sociedade Brasileira de Turismo, hoje Touring Club do Brasil. Esse evento foi destinado apenas a seus associados. Posteriormente, houve uma segunda convenção em 1932.

No final da década de 1930 e início dos anos de 1940, ocorre a estagnação nos diversos segmentos que compõem a atividade econômica em decorrência da Segunda Guerra Mundial.

Mesmo o mundo sendo vítima da Segunda Guerra Mundial, a década de 1940 apresentou-se bastante promissora para a hotelaria brasileira. Nesse período, foram inaugurados vários hotéis-cassinos. Esses hotéis, além dos jogos, ofereciam espetáculos nacionais e internacionais, como também grandes reuniões e festas nos seus outros salões, que sempre ficavam repletos de pessoas provenientes de todo o Brasil e também de outros países.

Os principais hotéis que surgiram nesse período foram:

✦ Parque Balneário (Santos/SP);
✦ Atlântico Hotel (Santos/SP);

- Quitandinha Hotel (Petrópolis/RJ);
- Grande Hotel Araxá (Araxá/MG);
- Quississana Hotel (Poços de Caldas/MG);
- Icaraí Hotel (Niterói/RJ);
- Grande Hotel Campos do Jordão (Campos do Jordão/SP).

Com o término da Guerra, a economia voltou a aquecer, as indústrias retomaram a produção, as pesquisas e os estudos até então interrompidos foram reiniciados. Isso fez com que o número de eventos crescesse, ocasionando a construção ou a adaptação de espaços destinados a reuniões, feiras e outros tipos de eventos.

A inauguração do Estádio do Maracanã coincidiu com um dos eventos esportivos mais famosos do mundo, a Copa do Mundo. Inicialmente, tinha por objetivo sediar apenas eventos esportivos, mas foi se adaptando a outros tipos de evento, tornando-se, hoje, palco de grandes shows nacionais e internacionais.

Após esse importante acontecimento em nosso país, que atraiu um grande número de pessoas durante a sua realização, o Turismo foi se transformando em uma atividade cada vez mais organizada. Em 1953, criou-se no Rio de Janeiro a primeira Associação Brasileira de Agências de Viagens (Abav), que visava zelar pelo bom desenvolvimento das atividades prestadas pelos agentes de viagens. Posteriormente, outras Abavs foram surgindo.

O primeiro evento representativo do segmento das agências de viagens, que marcou o início de uma série, foi o I Congresso Brasileiro de Agências de Viagens. Esse evento aconteceu em São Paulo, SP, no final da década de 1950 e vem se repetindo desde então. Atualmente, é considerado o maior evento do setor de turismo nacional e recebe a cada ano milhares de participantes nacionais e internacionais.

Cabe ressaltar que, quando o Congresso Brasileiro de Agências de Viagens foi criado em 1959, não existiam centros de convenções no país. Contudo, em virtude de sua importância econômica e social, várias localidades se empenharam para tornar-se sede do congresso, construindo espaços adequados para sua realização (Quadro 1.10). Os eventos realizados nos anos de 1979, 1986, 1987 e 1993 marcaram o início das atividades dos centros de convenções das localidades-sede, como também serviram para implantar o turismo de eventos nessas destinações.

Quadro 1.10   Congressos da Abav de 1959 a 2012.

Ano	Congresso/tema	Localidade
1959	I Congresso Brasileiro de Agências de Viagens	São Paulo – SP
1974	II Congresso Brasileiro de Agências de Viagens	Guarujá – SP
1975	III Congresso Brasileiro de Agências de Viagens	Porto Alegre – RS
1976	IV Congresso Brasileiro de Agências de Viagens	Fortaleza – CE
1977	V Congresso Brasileiro de Agências de Viagens	Curitiba – PR
1978	VI Congresso Brasileiro de Agências de Viagens	Brasília – DF
1979	VII Congresso Brasileiro de Agências de Viagens	Recife – PE
1980	VIII Congresso Brasileiro de Agências de Viagens – Reciprocidade de Direitos e Obrigações	Rio de Janeiro – RJ
1981	IX Congresso Brasileiro de Agências de Viagens – O Agente de Viagem perante a Economia Nacional	São Paulo – SP
1982	X Congresso Brasileiro de Agências de Viagens – Turismo: Desafio do Crescimento	Blumenau – SC
1983	XI Congresso Brasileiro de Agências de Viagens – A Hora da Verdade	Salvador – BA
1984	XII Congresso Brasileiro de Agências de Viagens – Participação do Turismo na Economia Brasileira	Brasília – DF
1985	XIII Congresso Brasileiro de Agências de Viagens – Turismo: Reflexão e Ação	Belo Horizonte – MG
1986	XIV Congresso Brasileiro de Agências de Viagens – Turismo: Paz, Força Econômica e Conquista Social	Belém – PA
1987	XV Congresso Brasileiro de Agências de Viagens – Abav: Valorização Profissional do Agente de Viagem	Natal – RN
1988	XVI Congresso Brasileiro de Agências de Viagens – Crise, Economia e Sobrevivência	São Paulo – SP
1989	XVII Congresso Brasileiro de Agências de Viagens – Brasil Turístico: Realidade e Futuro	Fortaleza – CE
1990	XVIII Congresso Brasileiro de Agências de Viagens – Turismo: A Maior Indústria do Mundo. E no Brasil?	Porto Alegre – RS
1991	XIX Congresso Brasileiro de Agências de Viagens – Ecologia, Infraestrutura e Desenvolvimento	Salvador – BA
1992	XX Congresso Brasileiro de Agências de Viagens – Bem-Estar Social: Desenvolvimento Turístico	Rio de Janeiro – RJ
1993	XXI Congresso Brasileiro de Agências de Viagens – Turismo: Uma Saída para a Retomada do Crescimento	Foz do Iguaçu – PR
1994	XXII Congresso Brasileiro de Agências de Viagens – Turismo: um Bom Negócio no Brasil?	Recife – PE

(continua)

Quadro 1.10 Congressos da Abav de 1959 a 2012. *(Continuação)*

Ano	Congresso/tema	Localidade
1995	XXIII Congresso Brasileiro de Agências de Viagens – Turismo: da Força Econômica para a Prioridade Política	Brasília – DF
1996	XXIV Congresso Brasileiro de Agências de Viagens – Estratégia para Agências de Viagens: Mudar para Competir	Salvador – BA
1997	XXV Congresso Brasileiro de Agências de Viagens	Rio de Janeiro – RJ
1998	XXVI Congresso Brasileiro de Agências de Viagens	Recife – PE
1999	XXVII Congresso Brasileiro de Agências de Viagens – Agências de Viagens: Para Onde Caminham os Negócios	Curitiba – PR
2000	XXVIII Congresso Brasileiro de Agências de Viagens – Um Novo Espaço para os Agentes de Viagens	Salvador – BA
2001	XXIX Congresso Brasileiro de Agências de Viagens	Brasília – DF
2002	XXX Congresso Brasileiro de Agências de Viagens	Recife – PE
2003	XXXI Congresso Brasileiro de Agências de Viagens – Agente de Viagens: a Força Construtiva do Turismo	Rio de Janeiro – RJ
2004	XXXII Congresso Brasileiro de Agências de Viagens – Um Novo Ciclo de Negócios no Turismo	Rio de Janeiro – RJ
2005	XXXIII Congresso Brasileiro de Agências de Viagens – Mercado de Viagens: Ações Estratégicas	Rio de Janeiro – RJ
2006	XXXIV Congresso Brasileiro de Agências de Viagens – As Novas Fronteiras e a Competitividade no Turismo	Rio de Janeiro – RJ
2007	XXXV Congresso Brasileiro de Agências de Viagens – Turismo: Força e Reação	Rio de Janeiro – RJ
2008	XXXVI Congresso Brasileiro de Agências de Viagens – Turismo: Os Negócios Mudaram. E Você?	Rio de Janeiro – RJ
2009	XXXVII Congresso Brasileiro de Agências de Viagens	Rio de Janeiro – RJ
2010	XXXVIII Congresso Brasileiro de Agências de Viagens	Rio de Janeiro – RJ
2011	XXXIX Congresso Brasileiro de Agências de Viagens	Rio de Janeiro – RJ
2011	XL Congresso Brasileiro de Agências de Viagens	Rio de Janeiro – RJ
2012	XLI Congresso Brasileiro de Agências de Viagens	Rio de Janeiro – RJ

Fonte: http://www.abav.com.br/eventos.aspx?id_area=20. Acesso em 05/12/2012.

Os congressos da Abav mostram o crescimento do Turismo de Eventos e do Turismo Nacional, apresentando a tendência de uma maior profissionalização, em que os agentes de viagens demonstram o interesse crescente por informações técnicas e novas possibilidades de acordos empresariais, para melhor atender seus clientes (Quadro 1.11).

Quadro 1.11 Número de congressistas e número total de participantes nos congressos da Abav.

Ano	N. de congressistas	N. de participantes
1992	2.648	9.128
1993	1.620	8.716
1994	3.218	9.716
1995	3.432	12.644
1996	4.954	12.586
1997	4.505	12.291
1998	(–)	11.470
1999	(–)	18.210
2000	(–)	17.636
2001	(–)	16.609
2002	(–)	15.233
2003	4.207	17.627
2004	4.586	18.343
2005	(–)	10.014
2006	(–)	22.824
2007	(–)	23.701
2008	(–)	26.715
2009	(–)	21.117
2010	(–)	23.671
2011	(–)	23.712

Fonte: http://www.abav.com.br/eventos.aspx?id_area=20. Acesso em 5/12/2012.
Nota: (–) Dados não disponíveis.

Uma mostra desse crescimento ocorreu no aumento de comercialização de espaço para a feira de produtos turísticos que acontece paralelamente ao Congresso. Esse crescimento fez com que a maioria dos centros de convenções do país deixasse de sediar o evento por não possuírem espaço físico suficiente, deixando na disputa apenas São Paulo e Rio de Janeiro. A partir de 2008, devido ao quadro econômico mundial, o espaço comercializado para a feira foi reduzido (Quadro 1.12).

Quadro 1.12 Total de m² comercializados nas feiras dos congressos da Abav.

Ano	m²
1992	8.500
1993	8.180
1994	7.912
1995	12.022
1996	8.859
1997	13.041
1998	9.681
1999	16.624
2000	12.302
2001	14.918
2002	10.991
2003	17.118
2004	19.353
2005	24.094
2006	27.585
2007	27.280
2008	15.952
2009	15.350
2010	15.700
2011	15.841

Fonte: http://www.abav.com.br/eventos.aspx?id_area=20. Acesso em 5/12/2012.

Diante desse contexto, a Abav resolveu fixar o evento desencadeando um processo de concorrência entre os dois estados, que culminou com a vitória do Rio de Janeiro, que, a partir de 2003, passou a ser a sede definitiva do Congresso Brasileiro de Agências de Viagens. Em 2012 esse quadro foi alterado, e a edição de 2013 acontecerá na cidade de São Paulo, SP.

Outro marco importante desse período foram as comemorações do IV Centenário da Fundação de São Paulo (1954), que culminou com a inauguração do Parque do Ibirapuera. O conjunto arquitetônico do Ibirapuera foi projetado por Oscar Niemeyer e as áreas verdes ficaram a cargo do paisagista Burle Marx. O seu conjunto é composto por pavilhão de feiras, vários museus, áreas para esportes, lago e outros.

No Pavilhão de Feiras do Ibirapuera é que aconteciam as grandes feiras, como: Salão do Automóvel, Salão da Criança e outras. Com a inauguração do Palácio das Convenções do Anhembi, nos anos de 1970, estas foram se transferindo para lá, conforme o espaço da Bienal ia se tornando insuficiente.

Como no Brasil a atividade eventos ainda era muito recente, em 1967, um ano após a criação da Empresa Brasileira de Turismo – Embratur –, é realizado o Encontro Nacional de Turismo, no Rio de Janeiro, RJ.

Em 1970, acontece o Salão do Automóvel, em São Paulo, SP, marcando o início das atividades do Pavilhão de Exposições do Palácio das Convenções do Anhembi, mas somente em 1972 é inaugurado o Palácio das Convenções, com um Congresso de Dermatologia.

Outro evento representativo do segmento de turismo, que surgiu no final da década de 1970, foi o Encontro Nacional de Bacharéis e Estudantes de Turismo (Enbetur). O evento foi criado em virtude da necessidade que os bacharéis e estudantes de turismo tinham de poder expressar suas ideias e discutir assuntos referentes à categoria. A primeira versão do evento aconteceu em 1979, na cidade de Niterói, no Estado do Rio de Janeiro. Após esse evento, vários outros passaram a ser realizados. Em 1999, sua denominação foi alterada para Congresso Brasileiro de Turismo (CBTUR), como pode ser observado mais detalhadamente no Quadro 1.13.

Recentemente, mais um evento foi implementado para estimular o Turismo e o Turismo de Eventos no país: o Salão do Turismo. Criado pelo Ministério do Turismo (MTur) em 2005 para impulsionar o Programa de Regionalização do Turismo: Roteiros do Brasil,[16] o evento visa apresentar, promover e incentivar a organização e a comercialização de novos produtos/roteiros turísticos desenvolvidos de acordo com as diretrizes políticas estabelecidas no Plano Nacional de Turismo (PNT), como também mostrar um novo olhar sobre a atividade turística como forma de promover o desenvolvimento sustentável e a inclusão social, entre outros benefícios, nas comunidades envolvidas.

---

[16] Programa de Regionalização do Turismo: Roteiros do Brasil é um dos programas do PNT (2003-2007), que propõe a organização de territórios definidos em conformidade com os critérios e as realidades de cada estado e do Distrito Federal.

Quadro 1.13 Enbetur de 1979 a 1998 e CBTUR a partir de 1999 a 2008.

Ano	Congresso/tema	Localidade
1979	I Enbetur – Mercado de Trabalho	Niterói – RJ
1980	II Enbetur – Mercado de Trabalho	Belém – PA
1981	III Enbetur – O Ampliador do Nosso Grito de Guerra	Porto Alegre – RS
1983	IV Enbetur – Política Nacional de Turismo	Brasília – DF
1985	V Enbetur – Turismo: Nova República, Nova Mentalidade, Novas Perspectivas	Belo Horizonte – MG
1986	VI Enbetur – Turismólogos: Conscientização e Organização no Contexto Nacional	São Paulo – SP
1987	VII Enbetur – Turismo, Política e Desenvolvimento: no Brasil e na Amazônia	Belém – PA
1988	VIII Enbetur – Consciência e Conhecimento Técnico em Busca de um Equilíbrio	Curitiba – PR
1989	IX Enbetur – Formação e Capacitação Profissional	Rio de Janeiro – RJ
1990	X Enbetur – Política de Turismo: Qual o Espaço do Bacharel em Turismo?	Brasília – DF
1991	XI Enbetur – A Criatividade no Produto Turístico: Um Atrativo a Mais	Foz do Iguaçu – PR
1992	XII Enbetur – Sociedade e Economia: Para Onde Caminha o Turismo?	Camboriú – SC
1993	XIII Enbetur – Em Busca da Qualidade Total	Belo Horizonte – MG
1994	XIV Enbetur – Turismo e Desenvolvimento Integrado	Olinda – PE
1995	XV Enbetur – Turismo: Que Negócio é Este?	Curitiba – PR
1996	XVI Enbetur – Turismo: Presente e Futuro	São Paulo – SP
1997	XVII Enbetur – Interiorização do Turismo: um Mercado de Trabalho para Turismólogos	Salvador – BA
1998	XVIII Enbetur – A Hora e a Vez do Profissional de Turismo	Guarapari – ES
1999	XIX Congresso Brasileiro de Turismo – O Turismo Ecológico no Brasil e suas Perspectivas para o Século XXI	Campo Grande – MS
2000	XX Congresso Brasileiro de Turismo – Eventos: a Importância para o Turismo do 3º Milênio	Natal – RN
2001	XXI Congresso Brasileiro de Turismo – Perspectivas do Turismo na Sociedade Pós-Industrial	Fortaleza – CE
2002	XXII Congresso Brasileiro de Turismo – Turismo: Gestão e Oportunidades	Foz do Iguaçu – PR

(continua)

Quadro 1.13 Enbetur de 1979 a 1998 e CBTUR a partir de 1999 a 2008. *(Continuação)*

Ano	Congresso/tema	Localidade
2003	XXIII Congresso Brasileiro de Turismo – Turismo com Responsabilidade Social	Recife – PE
2004	XXIV Congresso Brasileiro de Turismo – Hospitalidade: Turismo e Humanização	Balneário Camboriú – SC
2005	XXV Congresso Brasileiro de Turismo – O Turismo como Força Transformadora no Mundo Contemporâneo	Belo Horizonte – MG
2006	XXVI Congresso Brasileiro de Turismo – Competência Profissional no Turismo e Compromisso Social	Fortaleza – CE
2007	XXVII Congresso Brasileiro de Turismo – Turismólogo: Identidade, Oportunidades e Novos Cenários	Gramado – RS
2008	XXVIII Congresso Brasileiro de Turismo	Vitória – ES

Fonte: Associação Brasileira de Bacharéis em Turismo – ABBTUR/SP.

A primeira edição do evento aconteceu no período de 1 a 5 de junho de 2005, no Expo Center Norte, na cidade de São Paulo, SP, e foi organizada em grandes blocos de atividade:

✦ Feira de Produtos/Roteiros Turísticos;
✦ Vitrine Brasil;
✦ Rodada de Negócios;
✦ Missões Promocionais;
✦ Núcleo de Conhecimento.

Segundo o Secretário de Política de Turismo do Ministério do Turismo na época do evento, Sr. Milton Zuanazzi, o evento superou todas as expectativas, tanto de público quanto de negócios. Nos cinco dias de duração, o evento recebeu 108,1 mil visitantes, sendo 17 mil profissionais de Turismo e 9,2 mil expositores. Na rodada de negócios, local de encontros de agentes de viagens, foram realizados mais de 2 mil agendamentos entre compradores que investiram R$ 124,1 mil no evento e tiveram expectativa de negócios de R$ 22,5 milhões para 2006.

Na edição de 2006, que aconteceu no mesmo local, à sua estrutura organizacional foi acrescido o espaço denominado Balcão de Comercialização, onde as agências de viagens estavam vendendo ao público em geral os produtos/roteiros turísticos resultantes da implementação do Programa de Regionalização do Turismo: Roteiros do Brasil.

Em 2007, o evento não foi realizado. Já a edição de 2008 aconteceu em grande estilo e em casa nova, no Pavilhão de Exposições e Feiras do Parque Anhembi, na cidade de São Paulo. A edição de 2009 aconteceu no mês de julho, isto foi uma novidade, porque o evento sempre aconteceu no mês de maio. Em 2010, voltou a acontecer em maio e sua 6ª edição, que aconteceu em 2011, voltou a acontecer em julho. A 7ª edição, que estava prevista para 2012, foi adiada para 2013.

Atualmente, o Brasil realiza um grande número de eventos, possuindo cidades que vivem praticamente do turismo de eventos.

Organização e Profissionalização do Segmento de Eventos, do Turismo e do Turismo de Eventos: Organismos e Entidades

A atividade eventos vem se desenvolvendo a cada dia, tornando-se necessário criar mecanismos para sustentá-la. Foi a partir desse panorama do século XVIII que começaram a surgir entidades e associações especializadas para planejar e organizar a atividade no século XIX.

Nessa época, existiam por toda a Europa rotas históricas, derivadas das atividades das associações comerciais, profissionais, fraternais e religiosas. Esse tipo de acontecimento só chegaria à América do Norte na metade do século XIX.

As atividades das associações cresceram na América e, para atender à necessidade de mais encontros entre os membros dessas associações, um grupo de homens de negócios de Detroit, em 1895, resolveu que esses integrantes precisavam ter um lugar especial em todas as cidades onde os encontros se realizassem.

Esses homens de negócios reconheceram que tanto as organizações e os encontros como as convenções e exposições teriam de ocupar lugar de destaque, para ter o apoio da comunidade. Valendo-se dessa ideia é que surgiu o primeiro escritório de convenções, conhecido hoje como

Convention Bureau, com o propósito de promover a cidade e expandir seus negócios.

Por volta de 1910, é fundada a Indústria da Hospitalidade, primeira organização profissional na forma da The American Hotel Protective Association, atualmente chamada de American Hotel and Motel Association. Nessa época, os escritórios de convenções estavam se formando por toda a América do Norte.

Mesmo com a estagnação causada pela Primeira Guerra Mundial, a atividade eventos continuou se organizando e, em 1914, foi criada a International Association of Convention and Visitors Bureau (IACVB), com a finalidade específica de dar assistência aos Convention and Visitors Bureau (CVB) para troca de informações sobre solicitações de encontros e convenções.

Conforme o segmento eventos foi evoluindo, sua organização tornou-se motivo de preocupação e, em 1925, foi criada a União de Feiras Internacionais (UFI), com os seguintes objetivos: coordenar os interesses de todas as feiras no âmbito internacional, estabelecer os calendários, criar facilidades aduaneiras e de transporte, facilitar a criação de Feiras Especiais e proporcionar ajuda técnica às feiras dos países em desenvolvimento.

Outra organização que surge nesse mesmo ano é a Union Internationale des Organismes Officiels de Tourisme (UIOOT), que, em 1975, transformou-se na Organisation Mondiale du Tourisme (OMT).

Em 1927, foi formada a Hotel Management Association, dentro da Hotel Sales and Marketing Association International, ambas precursoras de numerosas associações que projetaram o aperfeiçoamento e a profissionalização de pessoal e corporações.

Em virtude da enorme taxa de crescimento apresentada pelos encontros, pelas convenções e pelas exposições, assim como das associações afins e da segmentada indústria de hospitalidade, foi que, por volta de 1949, criou-se o Convention Liaison Council, para centralizar informações claras relativas à indústria de encontros, convenções e exposições.

Cabe lembrar que, nessa época, os hotéis não eram projetados para receber grupos e basicamente não apresentavam nenhum interesse em desempenhar papel ativo no dinâmico segmento de eventos.

Isso durou até que cadeias hoteleiras, como Holiday Inn, Sheraton, Hilton, Marriot e Hyatt, começaram a reconhecer a importância econômica dos encontros, das convenções e das exposições para os hotéis. A partir daí, essas cadeias hoteleiras passaram a apresentar instalações funcionais para encontros. Após o ano de 1950, criou-se o conceito de trabalhar com planejadores de eventos e associações de executivos.

O conceito de diretor de serviço de convenções é atribuído a Jim Collins, um jovem homem de negócios da Chicago Conrad Hilton Hotel. Collins reconheceu que era preciso alguém para agir em favor de grupos de eventos e suas necessidades, assim como alguém para trabalhar em conjunto com os planejadores de eventos, seus grupos e associações executivas.

Para dar sustentação e organização ao desenvolvimento do segmento eventos e, consequentemente, ao turismo de eventos, surge, em 1958, a Association Internacionale des Palais de Congres (AIPC), com sede em Cannes, na França, que tem por missão estabelecer contatos estreitos e permanentes entre as administrações de centros de convenções e os diferentes membros associados, facilitar o intercâmbio de experiências e estudar os problemas derivados da administração e do funcionamento dos centros de convenções, contribuir para as atividades tendentes ao desenvolvimento da técnica de organização de reuniões internacionais e colocar à disposição dos organismos internacionais os elementos necessários para o êxito dos congressos.

Ainda no ano de 1958 é criada a Professional Convention Management Association (PCMA), com sede em Birmingham no Estado do Alabama, nos Estados Unidos, com o propósito de aumentar a eficácia dos eventos e das convenções médico-hospitalares. Em 1987, seus estatutos foram alterados para incluir, como sócios, gerentes de eventos de outras áreas da ciência, da engenharia e da educação.

Enquanto a atividade eventos evolui e constitui-se em uma importante atividade econômica, o setor procura cada vez mais se especializar e se organizar e, em 1961, foi criada a International Congress and Convention Association (ICCA), com sede em Amsterdã, na Holanda, com o propósito de contribuir no sentido mais amplo, de forma legal e por todos os meios legais, para o desenvolvimento em âmbito mundial de todos os tipos de evento internacional, tais como: congressos, conferências e convenções, assim como exposições e feiras.

No Brasil, a atividade começa a dar mostras de profissionalização por volta de 1967, já que apresentava sinais de que seria de grande importância. Neste ano, foi fundada, em São Paulo, SP, a Alcântara Machado Feiras e Promoções Ltda., primeira empresa brasileira especializada em organização de congressos e convenções.

A organização da atividade eventos a cada dia tornava-se mais premente e, em 1977, foi criada a Associação Brasileira de Eventos e Empresas Operadoras em Congressos e Convenções (Abeoc), que posteriormente teve sua denominação alterada para Associação Brasileira das Empresas de Eventos, cuja meta prioritária era a geração de eventos, fundamentalmente os congressos cíclicos, visando o desenvolvimento nacional.

Possuir oferta de espaços, empresas organizadoras e entidades de classes não eram suficientes para dar sustentação à atividade. Diante dessa constatação, a cidade de São Paulo resolveu criar a primeira entidade brasileira de captação de eventos.

Em 1983, foi criada a Fundação 25 de Janeiro, mais conhecida como São Paulo Convention and Visitors Bureau (SPCVB), uma organização cívica, sem fins lucrativos, mantida por colaboradores que representam as empresas privadas. A principal função do SPCVB é fazer a captação de eventos para o Estado de São Paulo, por meio da qual pretende aumentar o fluxo de turistas de eventos, como também gerar trabalho para seus colaboradores.

Como a construção de centros de convenções no país apresentou crescimento considerável nos anos de 1980, surgiu nesse período, precisamente em 1985, uma entidade com o objetivo principal de orientar tecnicamente a implantação, a construção e as reformas de centros de convenções. Essa entidade é a Associação Brasileira de Centros de Convenções, Exposições e Feiras (Abraccef), que tem por finalidade promover o desenvolvimento institucional de seus associados, preservando sua integridade e individualidade, além de promover a integração e a troca de informações relativas aos sistemas de tecnologia, marketing, planejamento, comunicação social e gerenciamento de eventos nacionais e internacionais.

Ainda em 1985, foi fundada em Buenos Aires a Confederação Latino-Americana de Entidades Organizadoras de Congressos e Afins (Cocal), entidade esta que tem por objetivo a cooperação mútua entre seus membros, tanto técnica quanto comercial, bem como a difusão da América Latina como destino para a realização de eventos.

A organização e a estruturação do setor continua e, em 1986, foi criada, com dezesseis associados, a União Brasileira dos Promotores de Feiras (Ubrafe), com o objetivo de representar o setor de promoção e organização de feiras de negócios junto a todos os segmentos da economia, entidades setoriais, órgãos do governo ligados à promoção comercial ou Turismo de Negócio.

Atualmente, o estado de São Paulo possui mais de uma centena de empresas organizadoras de eventos, e somente uma parte delas trabalha em parceria com as entidades representativas, desenvolvendo trabalho conjunto para a profissionalização e o crescimento da atividade eventos e do turismo de eventos do estado.

Resumo

A atividade Eventos teve suas origens na Antiguidade, com os Jogos Olímpicos de 776 a.C. Posteriormente, outros tipos de eventos foram acontecendo e atravessaram diversos períodos da história da civilização humana, atingindo nossos dias. Nessa trajetória, os eventos foram adquirindo características econômicas, históricas, sociais e políticas das sociedades representativas de cada época. A consolidação da atividade Eventos e do Turismo de Eventos ocorreu no século XVIII, com o advento da Revolução Industrial, que trouxe um novo estímulo para a atividade comercial existente desde a Idade Média, a "feira". Mas, além das feiras, outros eventos, como as Exposições Mundiais, os Jogos Olímpicos e a Copa do Mundo, tiveram importante papel nesse processo, solidificando cada vez mais as bases da atividade.

No Brasil, o surgimento da atividade Eventos é anterior à chegada da Família Real, segundo registros do Ministério da Indústria e Comércio. Isto é, ocorriam algumas feiras semelhantes às da Idade Média, em locais abertos, onde os comerciantes armavam barracas para vender seus produtos.

O primeiro evento no Brasil que aconteceu em um local destinado à realização de eventos foi um Baile de Carnaval, em 1840. O Brasil, até essa época, não tinha experiência na arte de organizar eventos, o que contribuiu para sua participação em vários eventos internacionais para adquirir conhecimentos técnicos e organizacionais no assunto.

A atividade Eventos no Brasil somente tomou impulso após a Segunda Guerra Mundial, mais especificamente a partir da década de 1950, com a organização das classes profissionais e com o desenvolvimento industrial no país.

Todo esse processo evolutivo provocou a organização do setor de eventos, causando o surgimento de entidades e associações especializadas para planejar e criar mecanismos de sustentação da atividade no Brasil e no mundo.

Exercícios

1. Comente as origens dos eventos, enfocando as contribuições que ofereceram para os eventos atuais.
2. Quais foram os principais tipos de eventos representativos da Idade Média?
3. Por que ocorreram esses tipos de eventos na Idade Média?
   Obs.: Para responder a essa pergunta, deve-se utilizar a resposta da questão 2.
4. Por que a Revolução Industrial foi um elemento importante para a consolidação da atividade eventos?
5. Como o Brasil procurou adquirir conhecimentos técnicos e organizacionais para tornar-se um organizador de eventos?
6. Quais são os fatores principais que contribuíram para o desenvolvimento da atividade eventos no Brasil?
7. A organização e profissionalização do segmento eventos é importante? Justifique sua resposta.

CAPÍTULO
2

O turismo de eventos no contexto do turismo atual

O Turismo é uma atividade muito recente, que se inter-relaciona com várias outras ciências, como Sociologia, Psicologia, Economia, Direito. Desde o seu surgimento, tem sido objeto de atenção de vários estudos econômicos e científicos que procuram entender e estabelecer a sua importância socioeconômica para as localidades onde se desenvolve.

O seu desenvolvimento abrange um amplo e diversificado conjunto de atividades econômicas com importância destacada no setor de serviços, na indústria e no comércio em geral.

Conceitos de Turismo e de Turismo de Eventos

O turismo, como toda atividade nova, passou por uma série de questionamentos em consequência do seu aspecto multifacetado e por não possuir um conceito que norteasse o seu entendimento e desenvolvimento. Isso fez com que vários estudiosos, organismos e entidades internacionais realizassem estudos sobre o assunto, objetivando chegar a uma conceituação que melhor representasse a atividade.

O primeiro conceito para a atividade remonta a 1911 e foi apresentado por um economista austríaco, Hermann von Schullernz Schattennhofen: "Turismo é o conceito que compreende todos os processos, especialmente os econômicos, que se manifestam na chegada, na permanência e na saída do turista de um determinado município, estado ou país" (apud Barretto, 1995).

Após a apresentação dessa definição, com o passar do tempo, vários outros conceitos foram surgindo à medida que a atividade evoluiu.

Segundo a Organização Mundial do Turismo (OMT, 1998),

> Turismo compreende as atividades que realizam as pessoas durante suas estadas em lugares diferentes do seu entorno habitual, por um período consecutivo inferior a um ano com finalidade de lazer, negócios e outras motivações.

Como o Turismo não é uma atividade estática, esse conceito básico tem sido objeto de modificações, para poder incluir outros tipos de turismo, como os de negócios, saúde, esportes, eventos etc.

Para Andrade (1992), Turismo de Eventos é o conjunto de atividades exercidas por pessoas que viajam a fim de participar dos diversos tipos de eventos que visam ao estudo de alternativas, de dimensionamento ou de interesses de determinada categoria profissional, associação, clube, crença religiosa, corrente científica ou outra organização com objetivos nos campos científicos, técnicos e religiosos para atingir metas profissionais e culturais, técnicos e operacionais, de aperfeiçoamento setorial ou de atualização.

O Turismo no Mundo

Segundo estudos realizados pela OMT, o Turismo é uma atividade econômica bastante representativa para a economia mundial, ficando atrás em faturamento somente das indústrias bélicas e petrolíferas.

Em 2011, o Turismo no mundo respondeu pelo fluxo entre países de 983 milhões de pessoas, sendo responsável pela geração de US$ 1.030 bilhões de receita.

O turismo é a atividade econômica que mais tem crescido no mundo. Mesmo estando relacionado inteiramente à renda e a outros fatores de natureza socioeconômica, não sofreu grandes impactos provenientes das crises econômicas e políticas registradas no mundo nos últimos anos. Segundo o World Travel & Tourism Council (WTTC, 2012), seu crescimento anual tem se apresentado estável, com uma média de 4,0% ao ano, média essa que deverá se manter para os próximos 10 anos, devido ao forte crescimento e prosperidade nos mercados emergentes.

Essa tendência apresentada pelo WTTC vem de encontro às previsões da OMT, que mesmo não revendo as suas previsões de crescimento da atividade até 2020, apontam para um crescimento da atividade turística no mundo da ordem de 4,1% ao ano.

Essa importância econômica do Turismo pode ser constatada nos dados que serão apresentados nos quadros a seguir, que mostram a evolução da atividade em termos de número de turistas estrangeiros circulando pelo mundo, os países que mais lucraram com o Turismo e os que mais receberam turistas.

Cabe ressaltar que esses números representativos da importância econômica do Turismo na economia mundial não se encontram distribuídos de modo uniforme pelos países. Apresentam melhores resultados aqueles que mais cedo visualizaram a sua importância e realizaram os investimentos necessários que propiciaram o seu desenvolvimento.

Para facilitar a visualização dos resultados obtidos pelos diversos países integrantes das regiões geográficas mundiais, a OMT (1998) os reuniu em cinco grandes grupos, a fim de apurar a distribuição dos resultados do Turismo Internacional.

O retorno trazido pela atividade turística em termos econômicos é bastante considerável para a economia dos países, cabendo, portanto, aos poderes público e privado, investirem na infraestrutura dos diversos destinos e financiarem ações promocionais com o objetivo de atrair os turistas que anualmente circulam pelo mundo.

Atualmente, o continente americano é a terceira região geográfica do mundo em termos de chegadas de turistas estrangeiros e de receita gerada pelo Turismo Internacional, ficando atrás da Europa e Ásia Oriental/Pacífico.

O desempenho do turismo internacional na Ásia Meridional/Pacífico é proveniente do resultado da atividade turística, principalmente na China, país este que fez investimentos em promoção e marketing para realizar os Jogos Olímpicos de 2008.

A América do Sul, em 2011, contribuiu com 2,6% das chegadas de turistas estrangeiros e com 2,2% da receita gerada.

O Brasil, no contexto mundial, nesse mesmo ano, apresentou participação pouco expressiva, significando apenas 0,54% das chegadas de turistas estrangeiros e 0,63% da receita gerada pela atividade. Em relação ao continente americano, nosso país encontra-se em 5° lugar em termos de chegadas de turistas estrangeiros e o 4° em receita gerada pelo Turismo Internacional.

Conforme pode-se perceber no Quadro 2.1, em 2009 aconteceu uma retração de 4,2% no movimento de turistas no mundo e um decréscimo de 9,4% nas receitas geradas, em virtude da crise econômica da Europa, que é o continente que mais recebe e emite turistas para o mundo.

Quadro 2.1 Movimento do turismo internacional no mundo.

Ano	Chegadas[1] (milhões)	Variação (%)	Receita (bilhões US$)	Variação (%)
1970	165,8	00,00	17,9	00,00
1971	178,9	7,9	20,9	16,8
1972	189,1	5,7	24,6	17,7
1973	198,9	5,2	31,1	26,4
1974	205,7	3,4	33,8	8,7
1975	222,3	8,0	40,7	20,4
1976	228,9	3,0	44,4	9,1
1977	249,3	8,9	55,6	25,2
1978	267,1	7,1	68,8	23,7
1979	283,1	6,0	83,3	21,1
1980	286,0	1,0	105,3	26,4
1981	287,1	0,4	107,5	2,1
1982	286,1	-0,3	100,9	-6,1
1983	289,6	1,2	102,5	1,6
1984	316,4	9,3	112,7	10,0
1985	327,2	3,4	118,1	4,8
1986	338,9	3,6	143,5	21,5
1987	363,8	7,3	176,8	23,2

(continua)

O turismo de eventos no contexto do turismo atual   63

Quadro 2.1   Movimento do turismo internacional no mundo. *(Continuação)*

Ano	Chegadas[1] (milhões)	Variação (%)	Receita (bilhões US$)	Variação (%)
1988	394,8	8,5	204,3	15,6
1989	426,5	8,0	221,3	8,3
1990	458,2	7,4	268,9	21,5
1991	464,0	1,3	277,6	3,2
1992	503,4	8,5	315,1	13,5
1993	519,0	3,1	324,1	2,9
1994	550,5	6,1	354,0	9,2
1995	565,5	2,7	405,1	14,4
1996	596,5	5,5	435,6	7,5
1997	610,8	2,4	436,0	0,1
1998	626,6	2,6	442,5	1,5
1999	650,2	3,8	455,0	2,8
2000	674,0	3,6	482,9	8,5
2001	688,5	2,1	471,6	-2,3
2002	708,9	2,9	486,9	3,2
2003	696,6	-1,7	532,8	9,4
2004	765,5	9,8	632,7	18,7
2005	799,0	4,3	676,4	6,9
2006	847,3	6,0	742,2	9,9
2007	904,0	6,6	857,4	15,5
2008[1]	922,0	2,0	941,7	9,7
2009	882,5	-4,2	852,4	-9,4
2010	940,0	6,5	927,0	8,7
2011[2]	983,0	4,5	1.030,0	11,1

Fonte: OMT (2012) e OMT apud Embatur(2010).
Nota: (1)Dados revisados até 2008 – OMT apud Embratur(2010).
   (2) Dados de 2011 são estimados (OMT).
   Excluídos visitantes de um dia.

Quadro 2.2 Chegada de turistas procedentes do estrangeiro (milhões de turistas).

Região	1996	1997	1998	1999	2000	2001	2002	2003	2004	2005	2006	2007	2008[1]	2009	2010	2011[2]
Mundo	596,5	610,8	626,6	650,2	674,0	688,5	708,9	696,6	765,5	799,0	847,3	900,5	919,0	882,5	940,0	983,0
África	21,8	23,2	25,0	26,5	26,2	28,9	29,5	30,7	33,4	34,8	41,4	43,2	44,3	45,9	49,7	50,2
Américas	116,9	118,5	119,5	122,2	128,2	122,2	116,7	113,1	125,9	133,3	135,8	143,0	146,9	141,7	150,7	156,0
Ásia Meridional	(-)	(-)	(-)	(-)	(-)	(-)	(-)	(-)	(-)	(-)	(-)	10,1	10,4	(-)	(-)	(-)
Ásia Oriental/ Pacífico	93,4	92,8	93,1	103,2	110,1	116,6	126,1	114,2	145,4	153,6	165,9	171,9	173,8	181,1	204,4	217,0
Europa	350,3	361,5	373,7	380,2	385,0	395,8	407,4	408,6	424,5	440,7	462,2	485,4	487,6	461,7	474,8	504,0
Oriente Médio	14,1	14,8	15,3	18,1	24,1	25,0	29,2	30,0	36,3	36,3	40,9	46,9	56,0	52,8	60,3	55,4

Fonte: OMT (2012) e OMT apud Embratur (2010).
Nota: (1) Dados revisados até 2008 – OMT apud Embratur (2010); (2) Dados de 2011 são estimados (OMT); (-) Dados não disponíveis. Excluídos visitantes de um dia.

Quadro 2.3 Receita do turismo internacional (em US$ bilhões).

Regiões	1996	1997	1998	1999	2000	2001	2002	2003	2004	2005	2006	2007	2008[1]	2009	2010	2011[2]
Mundo	435,6	436,0	442,5	445,0	473,3	471,6	486,9	532,8	632,7	676,4	742,2	857,4	941,7	852,4	927,0	1.030,0
África	8,7	9,0	9,9	10,3	10,7	12,2	12,1	16,1	19,1	21,7	24,6	29,4	30,0	28,7	30,4	32,6
Américas	112,5	118,8	117,2	122,4	131,8	124,4	117,3	115,7	132,1	145,2	154,1	171,1	187,5	165,3	180,7	199,1
Ásia Oriental/ Pacífico	86,2	80,9	75,0	79,8	86,1	88,7	97,1	96,9	127,8	134,4	156,5	186,4	208,9	203,2	255,3	289,4
Europa	220,0	218,2	231,7	232,8	228,4	234,4	246,9	287,2	328,2	348,8	377,1	435,3	473,7	413,4	409,3	463,4
Oriente Médio	8,2	0,1	8,7	9,7	12,1	11,9	13,5	16,9	25,5	26,3	29,9	35,2	41,5	41,8	51,7	45,9

Fonte: OMT (2012) e OMT apud Embratur (2010).
Nota: (1) Dados revisados até 2008 – OMT apud Embratur (2010); (2) Dados de 2011 são estimados – OMT (2012).

Quadro 2.4 Movimento do turismo internacional no continente americano (em mil).

Países	2000	2001	2002	2003	2004	2005	2006	2007	2008	2009	2010	2011[1]
1 – Estados Unidos	50,9	45,4	41,9	40,4	(–)	49,2	50,9	55,9	(–)	54,9	59,7	62,3
2 – México	20,6	19,8	19,7	18,7	(–)	21,9	21,3	21,4	(–)	22,3	23,2	23,4
3 – Canadá	19,7	19,6	20,1	17,5	(–)	18,7	18,2	17,9	(–)	15,7	16,6	15,9
4 – Argentina	2,9	2,6	(–)	(–)	(–)	3,8	4,1	4,5	(–)	4,3	5,3	5,6
5 – Brasil	5,3	4,7	3,7	4,1	(–)	5,3	5,0	5,0	(–)	4,8	5,1	5,4
6 – República Dominicana	2,9	2,7	(–)	(–)	(–)	3,6	3,9	3,9	(–)	3,9	4,1	4,3
7 – Chile	(–)	(–)	(–)	(–)	(–)	2,0	2,2	2,5	(–)	2,7	2,7	3,0
8 – Uruguai	1,9	1,8	(–)	(–)	(–)	1,8	1,7	1,7	(–)	2,0	2,3	2,8
9 – Cuba	(–)	(–)	(–)	(–)	(–)	2,2	2,1	2,1	(–)	2,4	2,5	2,6
10 – Peru	(–)	(–)	(–)	(–)	(–)	(–)	(–)	(–)	(–)	2,1	2,2	2,5

Fonte: OMT (2012a).
Nota: (1) Dados de 2011 são estimados;
(–) Dados não disponíveis

Quadro 2.5 Receita do turismo internacional no continente americano (US$ milhões).

Países	2000	2001	2002	2003	2004	2005	2006	2007	2008	2009	2010	2011[1]
1 – Estados Unidos	82,4	72,2	66,5	64,3	(–)	81,7	85,7	96,7	(–)	94,1	103,5	116,2
2 – México	8,2	8,4	8,8	(–)	(–)	11,8	12,1	12,9	(–)	11,5	11,9	11,8
3 – Canadá	10,7	10,7	9,7	(–)	(–)	13,7	14,6	15,4	(–)	13,7	15,7	16,9
4 – Brasil	4,2	3,7	3,1	3,3	(–)	3,8	4,3	4,9	(–)	5,3	5,7	6,5
5 – Argentina	2,8	2,5	(–)	(–)	(–)	2,7	3,3	4,3	(–)	3,9	4,9	5,3
6 – República Dominicana	2,8	2,6	2,7	(–)	(–)	3,5	3,9	4,0	(–)	4,0	4,2	4,3
7 – Peru	(–)	(–)	(–)	(–)	(–)	1,3	1,5	1,9	(–)	2,0	2,0	2,3
8 – Colômbia	(–)	(–)	(–)	(–)	(–)	(–)	(–)	(–)	(–)	1,9	2,0	2,2
9 – Costa Rica	(–)	(–)	(–)	(–)	(–)	(–)	(–)	(–)	(–)	1,8	2,0	2,1
10 – Uruguai	(–)	(–)	(–)	(–)	(–)	(–)	(–)	(–)	(–)	1,3	1,4	2,1

Fonte: OMT (2012).
Nota: (1) Dados de 2011 são estimados.
(–) Dados não disponíveis.

Quadro 2.6 Participação (%) das chegadas de turistas na América do Sul no mundo, do Brasil na América do Sul e no mundo.

Ano	Chegadas de turistas					
	No mundo (em milhões)	Na América do Sul (em milhões)	Participação da América do Sul no mundo	No Brasil (em milhões)	Participação (%) do Brasil na América do Sul	Participação (%) do Brasil no mundo
1994	550,5	10,8	1,96	1,8	17,16	0,34
1995	656,5	11,8	2,09	1,9	16,88	0,35
1996	596,5	12,9	2,16	2,6	20,66	0,45
1997	610,8	13,5	2,21	2,8	21,11	0,47
1998	626,6	15,5	2,47	4,8	31,08	0,77
1999	650,2	15,1	2,32	5,1	33,82	0,79
2000	689,2	15,2	2,21	3,3	34,87	0,77
2001	688,5	14,6	2,12	4,7	32,88	0,70
2002	708,9	12,7	1,79	3,7	29,02	0,54
2003	696,6	13,7	1,97	4,1	29,93	0,59
2004	765,5	16,2	2,12	4,7	29,59	0,63
2005	802,5	18,2	2,27	5,3	29,44	0,67
2006	847,3	18,7	2,21	5,0	26,83	0,59
2007	900,5	20,1	2,2	5,0	25,00	0,56
2008[1]	919,0	20,8	2,3	5,1	24,28	0,55
2009	882,5	20,5	2,3	4,8	23,42	0,55
2010	940,0	24,4	2,5	5,2	22,00	0,55
2011[2]	983,0	25,8	2,6	5,4	20,93	0,54

Fonte: OMT (2012) e OMT apud Embratur (2010).
Nota: (1) Dados revisados até 2008 – OMT Apud Embratur (2010).
(2) Dados de 2010 estimados – OMT (2012).

Quadro 2.7 Participação (%) da receita cambial turística da América do Sul no mundo, do Brasil na América do Sul e no mundo.

Ano	Receita cambial				
	No mundo (US$ bilhões)	Na América do Sul (US$ bilhões)	Participação da América do Sul no mundo	No Brasil (US$ bilhões)	Participação (%) do Brasil na América do Sul	Participação (%) do Brasil no mundo
1996	435,6	10,7	2,46	0,8	7,48	0,18
1997	436,0	11,4	2,61	1,1	9,65	0,25
1998	442,5	11,8	2,67	1,6	13,56	0,36
1999	445,0	11,6	2,61	1,6	13,79	0,36
2000	473,3	12,2	2,53	1,8	14,75	0,37
2001	471,6	11,3	2,40	1,7	15,04	0,36
2002	486,9	9,2	1,89	2,0	21,74	0,41
2003	532,8	10,5	1,97	2,5	23,81	0,47
2004	632,7	10,9	1,72	3,2	29,36	0,51
2005	676,4	12,4	1,83	3,9	31,14	0,57
2006	742,2	14,0	1,90	4,3	30,80	0,60
2007	857,4	16,9	1,97	4,9	29,31	0,58
2008[1]	941,7	19,2	2,0	5,7	30,13	0,61
2009	852,4	18,2	2,1	5,3	29,15	0,62
2010	927,0	20,1	2,1	5,7	28,35	0,61
2011[2]	1.030,0	22,9	2,2	6,5	28,38	0,63

Fonte: OMT (2012) e OMT apud Embratur (2010).
Nota: (1) Dados revisados até 2008 – OMT apud Embratur (2010).
(2) Dados de 2011 estimados – OMT (2012)
Obs.: A partir de 2005, foram utilizados os dados da série histórica da receita cambial calculada pelo Bacen.

Em relação ao continente americano, a participação do Brasil encontra-se melhor posicionada do que no mundo. Em 2011, o Brasil recebeu 20,93% do fluxo internacional e gerou 28,38% da receita.

Os principais destinos mundiais em termos de recebimento de turistas no ano de 2006 foram a França, ocupando o primeiro lugar do *ranking*, seguida da Espanha, Estados Unidos, China, Itália e outros.

Os países que mais receberam turistas no mundo não apresentam a mesma classificação no *ranking* em termos de faturamento. No período de 1998 a 2007, os Estados Unidos foram o país que mais lucrou com a atividade turística e, em 2007, foram seguidos pela Espanha, França, Itália, China e outros (verificar Quadros 2.8 e 2.9, p. 70 e 71).

Com relação aos países que mais gastaram com o turismo internacional no período de 1997 a 2011, pode-se observar que, até 2002, os Estados Unidos se encontravam na liderança do *ranking*, posição esta perdida para a Alemanha em 2003, em função deste país estar se preparando para sediar a Copa do Mundo da Fifa de 2006. A posição não foi recuperada até os dias de hoje. Os demais países melhores colocados a partir de 2004 atrás da Alemanha são: Estados Unidos, Reino Unido, França, mas cabe ressaltar que em 2010 a China passou a integrar os três primeiros colocados, deixando para trás o Reino Unido (Quadro 2.10, p.72).

É importante destacar que, em 2006, foi a primeira vez que a Coreia apareceu entre os países que mais gastaram com turismo no mundo.

Ressalta-se também que uma parte ponderável do faturamento e do gasto da atividade turística do mundo e desses países é proveniente do segmento Turismo de Eventos.

O turismo de eventos no contexto do turismo internacional

Atualmente, o segmento do Turismo de Eventos constitui um importante componente para o incremento da atividade turística e da economia internacional.

Devido à inexistência de estudos, pesquisas e dados estatísticos em nível mundial que permitam analisar o desempenho do Turismo de Eventos e seus impactos nos diversos segmentos econômicos, serão utilizados dados apenas dos associados da ICCA.

Quadro 2.8 Países mais visitados no mundo (em milhões).

Países	1998	1999	2000	2001	2002	2003	2004	2005	2006	2007	2008[1]	2009	2010	2011[2]
1 – França	70,0	71,4	75,6	76,5	77,0	75,0	75,1	75,9	78,9	80,9	79,2	74,2	77,1	79,5
2 – Estados Unidos	46,3	46,9	50,9	45,5	41,9	41,2	46,1	49,2	51,0	56,0	57,9	54,9	59,8	62,3
3 – China	24,0	27,0	31,2	33,2	36,8	33,0	41,8	46,8	49,9	54,7	53,0	50,9	55,7	57,6
4 – Espanha	47,7	51,9	47,9	49,5	52,3	51,8	52,4	55,9	58,2	58,7	57,2	52,2	52,7	56,7
5 – Itália	34,8	35,8	41,2	39,1	39,8	39,6	37,1	36,5	41,1	43,7	42,7	43,2	43,6	46,1
6 – Turquia	(-)	(-)	(-)	(-)	(-)	13,3	16,8	20,2	18,9	22,2	25,0	25,5	27,0	29,3
7 – Reino Unido	25,7	25,7	25,2	22,8	24,2	24,7	27,8	28,0	30,7	30,9	30,1	28,0	28,3	29,2
8 – Alemanha	16,5	17,7	19,0	17,9	18,0	18,4	20,1	23,5	23,5	24,4	24,9	24,2	26,9	28,4
9 – Malásia	(-)	(-)	(-)	(-)	(-)	(-)	(-)	16,4	17,5	21,0	22,1	23,6	24,6	24,7
10 – México	19,8	19,7	18,7	19,8	19,7	18,7	20,6	21,9	21,4	21,4	22,6	21,5	23,3	23,4
11 – Áustria	17,2	17,6	18,0	18,2	18,6	19,1	19,4	20,0	20,3	20,8	21,9	21,3	22,0	23,0
12 – Ucrânia	(-)	(-)	(-)	(-)	(-)	12,5	15,6	(-)	18,9	23,1	25,4	20,7	21,2	21,4
13 – Rússia	(-)	(-)	(-)	(-)	(-)	(-)	(-)	19,9	20,1	20,6	21,6	19,4	20,2	22,6
14 – Hong Kong	(-)	(-)	13,1	13,7	16,6	15,5	21,8	14,8	15,8	17,2	17,3	16,9	20,8	22,3
15 – Canadá	18,6	19,5	19,7	19,7	20,1	12,7	(-)	18,8	18,3	17,9	17,1	15,8	16,0	15,9
16 – Grécia	(-)	(-)	(-)	(-)	(-)	(-)	(-)	14,8	16,0	16,2	15,9	14,9	15,0	16,4
Brasil	4,8	5,1	5,3	4,7	3,7	4,1	4,7	5,4	5,0	5,0	5,1	4,8	5,1	5,4

Fonte: OMT (2012) e OMT apud Embratur (2010).
Nota: (1) Dados revisados até 2008 – OMT apud Embratur (2010).
(2) Dados de 2011 estimados – OMT (2012)
(-) Dados não disponíveis.

Quadro 2.9 Países que mais lucraram com o turismo no mundo (US$ bilhões).

Países	1998	1999	2000	2001	2002	2003	2004	2005	2006	2007	2008	2009[1]	2010	2011[2]
1 – Estados Unidos	74,2	74,4	82,0	72,3	66,5	64,3	74,5	81,8	85,7	96,9	110,0	93,9	103,5	116,3
2 – Espanha	29,5	32,9	31,5	32,9	33,6	45,2	45,2	40,8	51,1	57,6	61,6	53,2	52,5	59,9
3 – França	29,7	31,7	30,8	30,0	32,3	36,6	40,8	44,0	46,3	54,3	56,6	49,4	46,6	53,8
4 – China	12,5	14,1	16,2	17,8	19,4	17,4	25,7	29,3	33,9	37,2	40,8	39,7	45,8	48,5
5 – Itália	30,4	28,4	27,5	25,8	26,9	31,2	35,7	35,4	38,1	42,7	45,7	40,2	38,8	43,0
6 – Alemanha	16,8	16,8	18,5	17,2	19,2	23,1	27,7	29,2	32,8	36,0	40,0	34,7	34,7	38,8
7 – Reino Unido	21,2	21,0	19,5	16,3	17,6	22,7	27,3	30,7	33,7	38,6	36,0	30,1	32,4	35,9
8 – Austrália	(-)	(-)	(-)	(-)	(-)	10,3	15,2	16,9	17,8	22,3	24,8	25,6	29,8	31,4
9 – Hong Kong (China)	(-)	(-)	5,9	(-)	(-)	(-)	(-)	10,3	11,6	13,8	15,3	16,5	22,2	27,7
10 – Tailândia	(-)	(-)	7,5	(-)	(-)	(-)	(-)	9,6	13,4	16,7	18,2	15,9	20,1	26,2
11 – Turquia	(-)	(-)	7,6	8,9	11,9	13,2	15,9	18,2	16,9	18,5	22,0	21,3	20,8	23,0
12 – Áustria	12,1	11,1	9,9	10,1	11,2	14,0	15,4	16,1	16,6	18,7	21,6	19,4	18,5	19,8
13 – Malásia	(-)	(-)	5,0	(-)	(-)	(-)	(-)	8,8	10,4	14,0	15,3	15,8	18,2	18,2
14 – Suíça	(-)	(-)	(-)	(-)	(-)	(-)	(-)	10,0	10,8	12,2	14,4	14,1	14,9	17,5
15 – Canadá	(-)	(-)	(-)	(-)	(-)	(-)	(-)	13,8	14,6	15,3	15,1	13,6	15,7	16,9
16 – Grécia	5,2	7,2	9,2	(-)	9,7	10,7	12,9	13,7	14,3	15,5	17,1	14,5	12,7	14,6
Brasil	3,6	3,9	4,2	1,7	2,0	2,5	3,2	3,9	4,3	5,0	5,8	5,3	5,7	6,5

Fonte: OMT (2012) e OMT apud Embratur (2010).
Nota: (1) Dados revisados até 2008 – OMT apud Embratur (2010).
(2) Dados de 2011 estimados – OMT (2012)

Quadro 2.10 Países que mais gastaram com o turismo no mundo (US$ milhões).

Países	1997	1998	1999	2000	2001	2002	2003	2004
1 – Alemanha	46,3	46,9	(–)	53,0	51,9	52,4	64,6	71,0
2 – Estados Unidos	52,1	56,1	(–)	64,7	60,2	58,0	57,4	65,6
3 – China	8,1	9,2	(–)	13,1	13,9	15,3	15,1	19,1
4 – Reino Unido	27,7	32,3	(–)	38,4	37,9	41,5	47,9	65,6
5 – França	16,6	17,8	(–)	17,9	18,1	19,4	23,4	28,6
6 – Canadá	11,5	10,8	(–)	12,4	12,9	11,6	13,4	16,0
7 – Rússia	9,4	8,3	(–)	8,8	9,2	11,2	12,8	15,7
8 – Itália	16,6	17,6	(–)	15,6	14,7	16,8	20,6	20,5
9 – Japão	33,0	28,8	(–)	31,8	26,5	26,6	28,8	38,2
10 – Austrália	(–)	(–)	(–)	(–)	(–)	(–)	(–)	(–)
11 – Bélgica	(–)	(–)	(–)	(–)	(–)	(–)	(–)	(–)
12 – Brasil	5,4	5,7	3,0	3,8	3,1	2,3	2,2	(–)
13 – Cingapura	(–)	(–)	(–)	(–)	(–)	(–)	(–)	(–)
14 – Holanda	(–)	(–)	(–)	(–)	(–)	(–)	(–)	(–)
15 – Coreia	(–)	(–)	(–)	(–)	(–)	(–)	(–)	(–)

Países	2005	2006	2007	2008[1]	2009	2010	2011[2]
1 – Alemanha	(–)	73,9	82,9	91,0	81,2	78,1	84,3
2 – Estados Unidos	(–)	72,1	76,2	80,5	74,1	75,5	79,1
3 – China	(–)	24,3	29,8	36,2	43,7	54,9	72,6
4 – Reino Unido	(–)	63,1	72,3	68,5	50,1	50,0	50,6
5 – França	(–)	31,2	36,7	41,1	38,4	38,5	41,7
6 – Canadá	(–)	20,5	25,8	27,2	24,2	29,6	33,0
7 – Rússia	(–)	18,2	22,3	23,8	20,9	26,6	32,5
8 – Itália	(–)	23,1	27,3	30,8	27,9	27,1	28,8
9 – Japão	(–)	26,9	26,5	27,9	25,1	27,9	25,1
10 – Austrália	(–)	(–)	(–)	18,4	17,6	22,2	26,9
11 – Bélgica	(–)	(–)	(–)	19,8	20,4	18,9	22,3
12 – Brasil	(–)	(–)	(–)	11,0	10,9	16,4	21,3
13 – Cingapura	(–)	(–)	(–)	16,4	15,8	18,6	21,1
14 – Holanda	(–)	(–)	(–)	21,7	20,7	19,6	20,5
15 – Coreia	(–)	18,9	20,9	19,1	15,0	18,8	19,5

Fonte: OMT (2012) e OMT apud Embratur (2010).
Nota: (1) Dados revisados até 2008 – OMT apud Embratur (2010).
    (2) Dados de 2011 estimados – OMT (2012)
    (–) Dados não disponíveis.

A ICCA é uma entidade que contribui para o desenvolvimento, em âmbito mundial, de todos os tipos de eventos internacionais. Mesmo não representando os resultados da atividade Eventos como um todo, serve de base para analisar e traçar um perfil do desempenho do setor mundialmente.

A atividade eventos, em 1997, gerou um fluxo de 1.457.953 turistas de eventos internacionais circulando pelo mundo. Os continentes em número de participantes nos eventos internacionais apresentaram a seguinte classificação: Europa (51%), Ásia (20%), América do Norte (15%), Austrália/Pacífico (6%), América Central e do Sul (5%) e África (3%). Os países que mais receberam turistas participantes nos eventos internacionais sediados nesse mesmo ano foram: Estados Unidos (126.742), Reino Unido (115.012), Alemanha (104.366) e Austrália (94.840). O Brasil ocupava o 19º lugar com 27.279 participantes, o que significa 1,8% do total verificado no mundo. Em 2007, aparece na 12ª posição, com um total de 113.754 participantes, o que mostra o desempenho do setor de eventos no país (Quadro 2.11).

Cabe ressaltar que mesmo não havendo informação disponível sobre os países, segundo a ICCA, em 1998, os Estados Unidos alcançou número recorde, isto é, 237.975 participantes nos eventos internacionais. Em 1999, como nos anos anteriores, as três primeiras colocações em termos de participantes em eventos ficaram com: Estados Unidos (167.000), Alemanha (127.000) e Reino Unido (117.000).

Os países que mais receberam turistas participantes nos eventos internacionais sediados em 2007 foram: Estados Unidos (427.556), Itália (349.614), Alemanha (305.809), Espanha (273.421) e Áustria (175.751). O Brasil ocupou o 12º lugar com 113.754 participantes.

Com relação ao número de eventos internacionais, a ICCA publicou o estudo "Statistics Report 2000-2010", que apresenta levantamentos e dados consolidados pela instituição nesse período, permitindo analisar melhor a evolução e o desempenho da atividade eventos no mundo.

Com relação aos dados do referido estudo, cabe ressaltar que ele aponta uma diferença entre os dados divulgados anteriormente pela ICCA, que não representavam a totalidade realizada no ano, porque os dados eram levantados pela entidade após o fechamento de cada ano, no primeiro semestre do ano seguinte, o que justifica a diferença, inclusive em relação aos anos anteriores ao ano de 2001, que não fizeram parte desse estudo (Quadro 2.12).

Quadro 2.11 Evolução do número de participantes nos eventos internacionais por país no período de 1995 a 2007.

País	1995	1996	1997	2005	2006	2007
1 – Estados Unidos	144.147	180.831	126.742	388.659	(–)	427.556
2 – Itália	79.067	74.478	54.009	168.904	(–)	349.614
3 – Alemanha	112.990	72.732	104.366	182.146	(–)	305.809
4 – Espanha	66.695	96.703	75.769	132.168	(–)	273.421
5 – Áustria	(–)	(–)	(–)	96.241	(–)	175.751
6 – França	128.058	99.155	77.724	195.516	(–)	162.901
7 – Reino Unido	112.140	103.775	115.012	144.637	(–)	144.901
8 – Japão	94.942	77.797	53.818	(–)	(–)	134.234
9 – China	(–)	(–)	(–)	(–)	(–)	133.494
10 – Canadá	73.682	58.947	85.786	166.511	(–)	128.153
11– Holanda	66.705	93.281	58.638	104.023	(–)	120.715
12 – Brasil	33.797	26.929	27.279	130.265	(–)	113.754

Fonte: ICCA – 1998 e 2008.
Nota: (–) Dados não disponíveis.

Quadro 2.12 Evolução do número de eventos no mundo no período de 1996 a 2010.

Ano	Número de eventos	(%) Taxa de crescimento
1996	2.616	(–)
1997	2.240	-14,3
1998	2.957	32,0
1999	2.626	-11,1
2000	3.398	29,3
2001	5.262	54,8
2002	6.090	15,7
2003	6.294	3,3
2004	7.524	19,5
2005	7.825	4,0
2006	8.549	9,2
2007	9.036	5,6
2008	9.610	6,3
2009	9.255	-4,3
2010	9.120	-1,4

Fonte: ICCA (2011).

A partir da metade da década de 1990, o desempenho da atividade eventos apresentou oscilações, em consequência das crises econômicas que têm abalado o mundo e também dos grandes avanços tecnológicos verificados no segmento eventos, como a maior utilização da videoconferência. A trajetória da atividade eventos tem apresentado oscilações durante os últimos anos dez anos, com índices negativos nos anos de 2009 e 2010, conforme mostra o Quadro 2.12.

Os países mais bem colocados em 2011 no *ranking* mundial de número de eventos internacionais sediados foram: Estados Unidos (759), Alemanha (577), Espanha (463), Reino Unido (434) e França (428). O Brasil encontra-se em 7º lugar com 304 eventos (Quadro 2.13).

Quadro 2.13 *Ranking* dos países top 10 do mundo em número de eventos internacionais[1] no período de 1996 a 2011.

País	1996	1997	1998	1999	2000	2001	2002	2003
1 – Estados Unidos	230	223	268	237	234	478	584	594
2 – Alemanha	139	147	178	165	161	301	322	347
3 – Espanha	129	138	174	163	144	223	299	305
4 – Reino Unido	181	185	186	166	193	237	316	324
5 – França	148	134	160	142	141	279	291	290
6 – Itália	126	129	144	133	116	277	298	320
7 – Brasil	27	43	52	75	83	113	110	133
8 – China	(–)	(–)	(–)	(–)	(–)	84	136	85
9 – Holanda	130	124	124	105	126	188	171	189
10 – Áustria	(–)	(–)	(–)	(–)	(–)	104	113	156
País	2004	2005	2006	2007	2008	2009	2010	2011[2]
1 – Estados Unidos	650	680	684	704	714	727	623	759
2 – Alemanha	423	430	473	549	495	524	542	577
3 – Espanha	396	360	334	386	424	385	451	463
4 – Reino Unido	322	406	417	386	424	378	399	434
5 – França	385	360	393	376	450	384	371	428
6 – Itália	351	328	349	376	399	408	341	363
7 – Brasil	174	187	231	224	256	297	275	304
8 – China	235	231	274	279	294	284	282	302

(continua)

Quadro 2.13 Ranking dos países top 10 do mundo em número de eventos internacionais[1] no período de 1996 a 2011. (continuação)

País	2004	2005	2006	2007	2008	2009	2010	2011[2]
9 – Holanda	236	234	233	245	277	271	219	291
10 – Áustria	168	194	245	248	228	241	212	267

Fonte: ICCA 2011 e 2012.
Nota: (1) São considerados internacionais os eventos itinerantes, com periodicidade fixa, mínimo de cinquenta participantes, que estejam pelo menos em sua terceira edição.
(2) Dados não revisados.
(–) Dados não disponíveis.

O desempenho do Brasil nos últimos sete anos enquanto país-sede de eventos internacionais foi bastante relevante, ganhou catorze posições no *ranking*, conforme mostra o Quadro 2.14.

Quadro 2.14 Desempenho do Brasil no *ranking* ICCA de eventos internacionais sediados, no período de 2001 a 2011.

Ano	Número de eventos	Posição no ranking ICCA
2001	113	(–)
2002	110	21º
2003	133	19º
2004	174	14º
2005	187	11º
2006	231	7º
2007	224	8º
2008	256	7ª
2009	297	7º
2010	275	9º
2011	304	7º

Fonte: ICCA (2012).
Nota: (–) Dado não disponível.

O Brasil encontra-se mais bem posicionado em termos de desenvolvimento do turismo de eventos no continente americano do que em relação ao mundo, conforme podemos observar na evolução dos eventos do Quadro 2.15.

Quadro 2.15 Evolução do número de eventos internacionais[1] nos países do continente americano no período de 1994 a 2011.

País	1994	1995	1996	1997	1998	1999	2000	2001	2002	2003	2004	2005	2006	2007	2008	2009	2010	2011
1 – Estados Unidos	221	197	230	200	295	284	284	478	584	594	650	680	684	704	714	727	623	759
2 – Brasil	41	37	27	42	57	78	96	113	110	133	174	187	231	224	256	297	275	304
3 – Canadá	100	72	73	76	101	100	108	155	194	173	214	202	219	252	291	230	229	255
4 – Argentina	21	23	16	23	32	26	28	78	53	57	93	99	106	130	138	155	172	186
5 – México	25	20	26	26	22	19	27	71	111	120	138	110	138	134	160	124	140	175
6 – Colômbia	(-)	10	4	5	7	3	3	18	17	21	25	55	54	60	68	78	95	113
7 – Chile	26	15	7	9	10	18	11	37	45	58	67	85	77	87	81	79	97	87
8 – Peru	(-)	(-)	5	5	7	6	5	14	26	37	34	32	38	36	55	47	44	61
9 – Uruguai	(-)	(-)	3	6	12	10	9	30	20	25	23	43	41	49	42	44	42	46
10 – Paraguai	(-)	(-)	(-)	(-)	(-)	(-)	(-)	6	9	9	6	11	13	13	16	14	19	34
11 – Panamá	(-)	(-)	(-)	(-)	(-)	(-)	(-)	6	9	16	10	22	24	23	22	17	16	32
12 – Equador	(-)	(-)	(-)	(-)	(-)	(-)	(-)	8	12	17	20	17	25	28	28	30	30	30
13 – Porto Rico	(-)	(-)	(-)	(-)	(-)	(-)	(-)	10	11	12	13	111	16	14	12	14	9	30
14 – República Dominicana	(-)	(-)	(-)	(-)	(-)	(-)	(-)	7	7	17	16	11	17	29	13	11	17	24
15 – Costa Rica	(-)	(-)	(-)	(-)	(-)	(-)	(-)	18	16	15	21	13	15	22	31	21	20	22

Fonte: ICCA (2011 e 2012)
Nota: (1) São considerados internacionais os eventos itinerantes, com periodicidade fixa, mínimo de cinquenta participantes, que estejam pelo menos em sua terceira edição.
(–) Dados não disponíveis.

Mesmo não possuindo dados disponíveis sobre o número de eventos internacionais de todos os países do continente americano referentes aos anos de 1994 a 2000, pode-se verificar que os três países que sempre lideraram o *ranking* são Estados Unidos, Brasil e Canadá.

Em 2006, o Brasil assumiu a 2ª posição com 231 eventos internacionais, que aconteceram em 32 cidades brasileiras. Destas, apenas três figuraram no relatório da ICCA, porque a entidade somente divulga aquelas que sediaram, no mínimo, onze eventos internacionais. As cidades brasileiras citadas no relatório foram: Rio de Janeiro (39), São Paulo (29) e Salvador (18).

Nos anos de 2007 e 2008, o Brasil volta a figurar na terceira posição. Em 2008, sediou 256 eventos internacionais, que aconteceram em várias cidades brasileiras, sendo que as melhores colocadas foram divulgadas no relatório da ICCA: São Paulo (75), Rio de Janeiro (41), Salvador, Porto Alegre e Foz do Iguaçu (13) e Brasília (11).

Em 2009, o Brasil retoma a segunda posição onde continua até hoje.

No *ranking* das cidades Top 10 do mundo, não figura nenhuma cidade brasileira nem do continente americano, como mostra o Quadro 2.16.

Entre as cidades das Américas que mais sediaram eventos internacionais, em 2010, encontram-se Buenos Aires (98), São Paulo (75) e Rio de Janeiro (62), conforme mostra o Quadro 2.17.

As cidades brasileiras que mais sediaram eventos internacionais no período de 2001 a 2010 estão no Quadro 2.18. As cinco primeiras posições foram ocupadas por: São Paulo (75), Rio de Janeiro (62), Brasília (12), Florianópolis (12) e Porto Alegre (11).

Além das cidades melhores colocadas em número de eventos internacionais no Brasil, cabe aqui um destaque para as outras localidades brasileiras que também sediaram eventos internacionais e contribuíram com um total de 53 eventos, para que o país alcançasse a 7ª posição no *ranking* mundial.

O Quadro 2.19 apresenta as cidades e o respectivo número de eventos que cada uma delas sediou, mostrando uma tendência de descentralização e interiorização dos eventos pelo Brasil. Isso se deve tanto a uma maior oferta de espaços para eventos que atendem aos padrões internacionais nessas cidades-sedes, como pela maior e melhor profissionalização do setor, que vem acontecendo não só nas grandes capitais.

Quadro 2.16 *Ranking* das cidades top 10 do mundo em número de eventos internacionais[1] no período de 1996 a 2010.

Cidade	1996	1997	1998	1999	2000	2001	2002	2003	2004	2005	2006	2007	2008	2009	2010
1 – Viena	60	45	83	64	53	64	76	101	113	144	163	179	150	159	154
2 – Barcelona	51	52	44	42	40	70	102	89	135	135	104	122	151	144	148
3 – Paris	50	50	47	36	55	94	93	96	138	132	173	153	167	141	147
4 – Berlim	26	20	37	43	39	63	74	98	119	106	124	145	116	135	138
5 – Cingapura	27	23	43	46	40	49	66	76	99	114	130	135	131	123	136
6 – Madri	(-)	(-)	(-)	(-)	(-)	53	52	63	70	69	75	98	81	92	114
7 – Istambul	(-)	(-)	(-)	(-)	(-)	35	36	47	52	60	80	80	92	93	109
8 – Lisboa	(-)	(-)	(-)	(-)	(-)	47	62	76	81	86	81	108	97	106	106
9 – Amsterdã	50	47	56	42	46	57	67	64	81	103	89	105	115	114	104
10 – Sydney	(-)	(-)	(-)	(-)	(-)	57	59	51	44	57	58	71	72	62	102
24 – São Paulo	2	10	19	20	7	13	21	15	34	30	57	55	65	78	75
31 – Rio de Janeiro	16	20	18	37	47	36	33	35	43	43	50	43	45	63	62

Fonte: ICCA (2011).
Nota: (1) São considerados internacionais os eventos itinerantes, com periodicidade fixa, mínimo de 50 participantes, que estejam pelo menos em sua terceira edição.
(-) Dados não disponíveis.

Quadro 2.17 Cidades top 10 das Américas em número de eventos internacionais[1] no período de 1995 a 2010.

Cidade	1995	1996	1997	1998	1999	2000	2001	2002	2003	2004	2005	2006	2007	2008	2009	2010
1 – Buenos Aires	10	13	16	15	10	21	48	33	31	66	61	79	90	87	96	98
2 – São Paulo	10	6	11	24	13	13	13	21	15	34	30	57	55	65	78	75
3 – Rio de Janeiro	14	16	21	17	26	53	36	33	35	43	43	50	43	45	63	62
4 – Santiago do Chile	(-)	(-)	(-)	(-)	(-)	(-)	22	32	40	42	54	51	55	53	44	58
5 – Vancouver BC	17	17	21	16	20	6	30	33	27	46	39	59	52	59	47	58
6 – Montreal PQ	13	15	12	20	8	27	30	43	42	45	47	42	63	60	59	57
7 – Toronto	9	11	(-)	11	18	12	19	35	20	38	28	36	42	48	38	44
8 – Boston	9	12	10	11	8	13	13	29	25	33	30	33	29	43	41	43
9 – Cidade do México	(-)	(-)	(-)	(-)	(-)	(-)	18	28	36	34	35	47	32	45	37	43
10 – Bogotá	(-)	(-)	(-)	(-)	(-)	(-)	6	5	5	7	16	21	23	27	26	38

Fonte: ICCA (2011).
Nota: (–) Dados não disponíveis.
(1) São considerados eventos internacionais os eventos itinerantes, com periodicidade fixa, mínimo de 50 participantes, que estejam pelo menos em sua terceira edição.

Quadro 2.18 *Ranking* das cidades top 10 do Brasil em número de eventos internacionais[1] no período de 2001 a 2010.

Cidade	2001	2002	2003	2004	2005	2006	2007	2008	2009	2010
1 – São Paulo – SP	13	21	15	34	30	57	55	65	78	75
2 – Rio de Janeiro – RJ	36	33	35	43	43	50	43	45	63	62
3 – Brasília – DF	4	8	4	6	6	10	3	13	9	12
4 – Florianópolis – SC	6	2	8	7	6	8	8	8	13	12
5 – Porto Alegre – RS	8	10	7	13	9	8	11	14	5	11
6 – Foz do Iguaçu – PR	1	5	6	9	11	5	7	15	9	10
7 – Belo Horizonte – MG	2	2	5	2	4	2	3	11	7	9
8 – Salvador – BA	7	5	13	12	24	18	28	12	16	9
9 – Recife – PE	3	2	1	3	3	1	3	8	8	7
10 – Curitiba – PR	(-)	(-)	2	3	4	6	(-)	4	(-)	4

Fonte: ICCA (2011).
Nota: (1) São considerados internacionais os eventos itinerantes, com periodicidade fixa, mínimo de 50 participantes, que estejam pelo menos em sua terceira edição.

Quadro 2.19 Cidades brasileiras que sediaram eventos internacionais[1] no período de 2003 a 2010.

	Cidade	2003	2004	2005	2006	2007	2008	2009	2010
01	Curitiba – PR	2	3	4	6	(-)	4	(-)	4
02	Fortaleza – CE	(-)	5	(-)	11	(-)	5	(-)	4
03	Gramado – RS	(-)	(-)	(-)	(-)	(-)	1	(-)	4
04	Guarujá – SP	(-)	(-)	(-)	(-)	(-)	1	(-)	4
05	Natal – RN	(-)	(-)	(-)	(-)	(-)	1	(-)	4
06	Búzios – RJ	(-)	(-)	(-)	(-)	(-)	3	(-)	3
07	Campinas – SP	(-)	(-)	(-)	6	5	5	(-)	3
08	João Pessoa – PB	(-)	(-)	(-)	(-)	(-)	2	(-)	3
09	Maresias – SP	(-)	(-)	(-)	(-)	(-)	1	(-)	3
10	Ouro Preto – MG	(-)	(-)	(-)	(-)	6	2	(-)	3
11	São José dos Campos – SP	(-)	(-)	(-)	(-)	(-)	1	(-)	3
12	São Carlos – SP	(-)	(-)	(-)	(-)	(-)	(-)	(-)	3
13	Bento Gonçalves – RS	(-)	(-)	(-)	(-)	(-)	2	(-)	2
14	Campos do Jordão – SP	(-)	(-)	(-)	(-)	(-)	1	(-)	2
15	Vitória – ES	(-)	(-)	(-)	(-)	(-)	1	(-)	2
16	Belém – PA	(-)	(-)	(-)	(-)	(-)	(-)	(-)	2
17	Canela – RS	(-)	(-)	(-)	(-)	(-)	(-)	(-)	2
18	Niterói – RJ	(-)	(-)	(-)	(-)	(-)	(-)	(-)	2
Total		**2**	**8**	**4**	**23**	**11**	**30**	**(-)**	**53**

Fonte: ICCA (2011).
Nota: (1) São considerados internacionais os eventos itinerantes, com periodicidade fixa, mínimo de cinquenta participantes, que estejam pelo menos em sua terceira edição.
(-) Dados não disponíveis.

O Quadro 2.20 apresenta a classificação das cidades brasileiras mais bem colocadas em número de eventos internacionais sediados em relação ao *ranking* global.

Quadro 2.20 Classificação das cidades brasileiras mais bem colocadas em relação ao *ranking* global em 2010.

Cidade	Ranking global
1 – São Paulo – SP	24°
2 – Rio de Janeiro – RJ	31°
3 – Brasília – DF	146°
Florianópolis – SC	146°
4 – Porto Alegre – RS	159°
5 – Foz do Iguaçu – PR	178°
6 – Belo Horizonte – MG	196°
Salvador – BA	196°
7 – Recife – PE	249°

Fonte: ICCA (2011).

Os tipos de instalações mais utilizados em 1997 para sediar os eventos internacionais que giraram pelo mundo foram: centros de convenções (51%), hotéis (22%), universidades (15%) e outros (12%).

As instalações mais utilizadas nas Américas, em 1997, para sediar os eventos internacionais foram: centros de convenções (52%), universidades (30%), hotéis (13%) e outros tipos (5%).

Em 1997, a atividade Eventos apresentou um faturamento de US$ 7,62 bilhões proveniente dos gastos efetuados pelos participantes que compareceram aos eventos internacionais. Isso representa apenas uma parcela dos rendimentos gerados pela atividade, devido ao grande efeito multiplicador que exerce nos diversos setores econômicos. Segundo a ICCA, o impacto financeiro causado pelos eventos nacionais e internacionais no mundo foi estimado em US$ 280 bilhões e, desse total, US$ 90 bilhões foram gerados somente nos Estados Unidos.

Associados do Brasil na ICCA

Atualmente, o Brasil possui 17 membros associados à ICCA que, de certa forma, condicionam a distribuição geográfica dos eventos no país. Os membros do Brasil na ICCA em 2012 são:

- Centro de Feiras Fiergs (RS);
- Embratur (DF);
- Exclusive South America S/A (RJ);
- Fortaleza Convention & Visitors Bureau (CE);
- Idealiza Eventos (PR);
- Iguaçu Convention & Visitors Bureau (PR);
- Joinville e Região Convention & Visitors Bureau (SC);
- JZ Congressos (RJ);
- Minas Gerais Tourist Authority (MG);
- Porto Alegre Convention & Visitors Bureau (RS);
- Rebouças Convention Center (SP);
- Recife Conventions & Visitors Bureau (PE);
- Rio Convention & Visitors Bureau (RJ);
- Santa Catarina Travel (SC);
- São Paulo Convention & Visitors Bureau (SP);
- Salvador e Litoral Norte da Bahia Convention & Visitors Bureau (BA);
- São Paulo Turismo S/A (SP).

Promoção e marketing turístico: importância e responsabilidade

Outro componente importante para o desenvolvimento da atividade turística e para o crescimento da economia mundial está relacionado aos investimentos que os países realizam em promoção turística. Mesmo com a economia mundial apresentando reflexos de uma tendência global na privatização das atividades econômicas, é aconselhável que os governos dos países continuem a apoiar financeiramente o setor privado nas ações promocionais, supervisionem as campanhas de divulgação de seus produtos e atuem para melhorar a sua imagem no exterior.

Os países que mais investiram em promoção turística em 1995 foram: Austrália, Reino Unido, Espanha, França, Singapura, Tailândia, Países Baixos, Áustria, Irlanda e Portugal, conforme mostra o Quadro 2.21.

Nos últimos anos, pelo menos cinco desses países – França, Espanha, Reino Unido, Áustria e Portugal – vêm se mantendo entre os vinte principais receptores de turistas internacionais.

Cabe ressaltar que os Estados Unidos, país que vem liderando o *ranking* de faturamento com o turismo internacional, não figuraram em 1995 entre os maiores investidores em promoção turística, porque o governo destinou apenas US$ 15 milhões à promoção da atividade, indo buscar no setor privado os recursos necessários para investimento.

Outro fator interessante no tocante à promoção e marketing turísticos pode ser observado com relação à Austrália, que, em 1995, aparecia como a primeira do *ranking* em investimentos, mas não figura entre os dez países que mais receberam turistas. Isso ocorre porque, nessa época, o país estava se preparando para sediar os Jogos Olímpicos de 2000. Portanto, ao observar novamente o Quadro 2.11, no qual são apresentados os países que mais receberam participantes nos eventos internacionais, pode-se perceber os resultados com relação a esse investimento.

Quadro 2.21 Países que mais investiram em promoção turística em 1995 (US$ milhões).

Países	1995
1 – Austrália	87,9
2 – Reino Unido	78,7
3 – Espanha	78,6
4 – França	72,9
5 – Singapura	53,6
6 – Tailândia	51,2
7 – Países Baixos	49,7
8 – Áustria	47,3
9 – Irlanda	37,8
10 – Portugal	37,3

Fonte: OMT (1998).

O Turismo no Brasil

Inicialmente, serão feitas algumas considerações sobre o turismo no Brasil, com base no estudo "Economia do Turismo: uma perspectiva macroeconômica 2003-2006", resultado de um acordo de cooperação técnica celebrado entre o Ministério do Turismo (MTur) e o Instituto Brasileiro de Geografia e Estatística (IBGE), que apresentou uma revisão do estudo anterior feito para o período de 2000 a 2005.

Esse estudo apresenta informações sobre o Turismo no Brasil que faz refletir sobre sua importância enquanto atividade econômica e social, mas também leva a questionar onde estariam as atividades relacionadas a eventos. Isto é, em nenhum momento no estudo foi mencionado de forma explícita os serviços relacionados à atividade eventos. Acredita-se, com isso, que é possível que estejam indiretamente computados em algumas das Atividades Características de Turismo (ACT) analisadas ou então em algum outro setor de serviço, o que impossibilitou a identificação e análise.

O estudo mostrou que o valor da produção das ACT atingiu R$ 149,64 bilhões, o que significa 7,1% do valor da produção do setor de serviços e 3,6% do Produto Interno Bruto (PIB).

No Quadro 2.22, é apresentada a distribuição percentual do valor bruto da produção gerado pelas ACT, por atividade, no Brasil nos anos

Quadro 2.22 Distribuição percentual do valor bruto da produção gerado pelas ACT, por atividade – Brasil – 2006 e 2007.

Atividades características de turismo	2006	2007
Serviços de alimentação	40,94	39,95
Serviço de transporte rodoviário	17,67	19,18
Atividades recreativas, culturais e desportivas	13,82	13,27
Serviços de transporte aéreo	9,71	9,50
Serviços auxiliares dos transportes	7,67	7,74
Serviços de alojamento	5,57	5,52
Serviços de locação de bens e móveis	0,39	2,32
Atividades de agências e organizadores de viagens	2,11	2,14
Serviços de transporte ferroviário	0,03	0,34

Fonte: IBGE, Diretoria de Pesquisas, Coordenação e Contas Nacionais (2010).

de 2006 e 2007. É possível verificar que as atividades que mais se destacaram foram: serviços de alimentação, serviços de transporte rodoviário e atividades recreativas, culturais e desportivas.

Em 2003, o número de ocupados nas ACT era de 5.355.784 pessoas, passando em 2007 para 5.872.612, isto é, houve um aumento de 9,6% nesse período, o que significou uma participação das ACT de 6,2% no total das ocupações na economia do país, em 2007.

As três atividades que mais se destacaram em participação no número de ocupações nas ACT foram as mesmas que apresentaram os maiores percentuais de valores brutos da produção, isto é, serviços de alimentação, serviço de transporte rodoviário e atividades recreativas, culturais e desportivas, como pode ser verificado no Quadro 2.23.

Cabe ressaltar que os serviços de alimentação sozinho gerou 49,1%, quase a metade das ocupações das ACT, no ano de 2007.

A seguir, análises e considerações em relação ao turismo no Brasil, tanto internacional quanto nacional, serão direcionadas, buscando sempre identificar e relacionar com a atividade eventos.

Quadro 2.23 Total de ocupações na economia e nas ACT, segundo as atividades – Brasil, 2003 a 2007.

Atividades	Total de ocupações				
	2003	2004	2005	2006	2007
Total da economia	84.034.981	88.252.473	90.905.673	93.246.963	94.713.909
Atividades características do turismo	5.355.783	5.262.695	5.387.826	5.714.669	5.872.612
Serviços de alimentação	2.867.418	2.673.934	2.696.587	2.857.677	2.887.001
Serviço de transporte rodoviário	1.003.364	1.052.444	1.064.644	1.079.351	1.176.476
Atividades recreativas, culturais e desportivas	810.593	829.411	894.047	1.013.987	1.040.034
Serviços de alojamento	305.144	324.294	344.572	352.419	346.900
Serviços auxiliares dos transportes	159.538	178.059	176.717	194.152	187.295

(continua)

Quadro 2.23 Total de ocupações na economia e nas ACT, segundo as atividades – Brasil, 2003 a 2007. *(continuação)*

Atividades	Total de ocupações				
	2003	2004	2005	2006	2007
Atividades de agências e organizadores de viagens	107.594	106.314	110.619	118.891	118.983
Serviços de transporte aéreo	45.878	35.254	36.966	37.642	44.472
Serviços de locação de bens e móveis	29.698	34.606	36.271	32.923	41.886
Serviços de transporte aquaviário	26.123	27.779	27.054	27.055	29.165
Serviços de transporte ferroviário	433	501	349	572	400

Fonte: IBGE (2010).

O turismo internacional no Brasil e os impactos do turismo de eventos

A partir de 2003, com a criação do MTur, a Embratur passou a ter sua função vinculada ao MTur, concentrando-se especificamente em promoção, marketing e apoio à comercialização dos produtos, serviços e destinos turísticos brasileiros no exterior.

Segundo o MTur, no ano de 2010, foi registrada a entrada de 5.433.354 turistas estrangeiros no Brasil (Quadro 2.24), que contribuíram com o faturamento direto e indireto de US$ 6,5 bilhões para a economia do país.

Com relação ao turismo internacional no Brasil, pode-se observar que este apresentou somente um período de decréscimo no número de entradas de turistas estrangeiros no país, entre 1986 e 1990. Esse decréscimo ocorreu em virtude da instabilidade da economia brasileira nesse período, em função dos seus diversos planos econômicos, tais como: Plano Cruzado (1986), Plano Bresser (1987) e Plano Verão (1988).

Outro fator que contribuiu para essa queda ocorreu no início dos anos de 1990, quando o presidente da República, Sr. Fernando Collor de Mello, tomou posse e anunciou o plano econômico do seu governo, o "Plano Collor".

Quadro 2.24 Entrada de turistas estrangeiros no Brasil (em milhões).

Ano	Número de turistas[1]
1980	1.625.422
1981	1.357.879
1982	1.146.681
1983	1.420.481
1984	1.595.716
1985	1.753.982
1986	1.934.091
1987	1.929.053
1988	1.742.939
1989	1.402.897
1990	1.091.067
1991	1.192.216
1992	1.687.945
1993	1.641.138
1994	1.853.301
1995	1.991.416
1996	2.665.508
1997	2.849.750
1998	4.818.084
1999	5.107.169
2000	5.313.463
2001	4.772.575
2002	3.784.898
2003	4.132.847
2004	4.793.708
2005	5.358.170
2006	5.017.251
2007	5.025.834
2008	5.050.099
2009	4.802.217
2010	5.161.379
2011	5.433.354

Fonte: Ministério do Turismo (2012).

Na década de 1990, o turismo internacional no país voltou a crescer uma média de 3,5% ao ano, chegando a ocupar o 27º lugar do *ranking* mundial de entrada de turistas estrangeiros. A partir de 2001, em razão de fatores, como os atentados terroristas aos Estados Unidos em 11 de setembro e a crise política e econômica da Argentina no final do mesmo ano, o turismo internacional no Brasil apresentou uma queda de 11,3%, uma vez que a Argentina e os Estados Unidos são os maiores mercados emissores de turistas para o país (Quadro 2.25). Em 2002, esse quadro se agravou ainda mais, pois o fluxo de turistas internacionais para o Brasil, em relação ao ano anterior, sofreu queda de 26,1%.

A partir de 2003, com a criação do MTur e com as novas funções da Embratur, o país retomou seu crescimento, mas, em 2006, em virtude da falência da Viação Aérea Rio Grandense (Varig) e do acidente aéreo do Boing 737-800 da Gol Linhas Aéreas, que se chocou com o Jato Legacy, provocando a crise dos controladores de voo no Brasil, o fluxo de turismo internacional no país voltou a cair. Nos anos de 2007 e 2008, o crescimento do fluxo de turismo internacional foi inexpressivo e, em 2009, decresceu 4,9%, em razão da crise econômica da Europa, voltando a crescer no ano seguinte.

Nos últimos três anos, no entanto, Argentina, Estados Unidos e Uruguai se mantêm como os maiores emissores de turistas estrangeiros ao Brasil (Quadro 2.25).

O Brasil possui vários pontos de entrada que propiciam a chegada de turistas estrangeiros, estejam eles utilizando vias de acesso aérea, terrestre (rodoviária e/ou ferroviária) ou hidroviária (marítima e/ou fluvial). Os principais pontos de entrada de turistas estrangeiros no país são: São Paulo, Rio de Janeiro e Paraná, entre outros (como mostra o Quadro 2.26).

Nos últimos quatro anos, São Paulo tem se mantido na liderança como a principal receptora de turistas estrangeiros. Os maiores motivos são os "negócios, eventos e convenções" promovidos na cidade. Já para os estados que têm como motivo "lazer", percebe-se que apresentaram modificações no seu percentual de participação. Esse fato ocorreu em função das reformas e das ampliações realizadas pela Empresa Brasileira de Infraestrutura Aeroportuária (Infraero), em vários aeroportos do país, como Luís Eduardo Magalhães – BA, Guararapes – PE, Augusto Severo – RN, Afonso Pena – PR. Essas mudanças possibilitaram o pouso de aeronaves nacionais e internacionais de grande porte.

Quadro 2.25 Principais mercados emissores de turistas para o Brasil (participação em %).

Países	1995	1996	1997	1998	1999	2000	2001	2002	2003	2004	2005	2006	2007	2008	2009	2010	2011
Argentina	32,0	33,0	34,0	31,0	30,0	33,0	28,2	18,4	19,0	19,2	18,5	18,6	18,3	20,1	25,2	27,1	29,3
Estados Unidos	11,0	13,0	14,0	11,0	11,0	12,0	12,5	16,6	16,1	14,7	14,8	14,3	13,9	12,3	12,5	12,4	10,9
Uruguai	10,0	8,0	7,0	7,0	8,0	8,0	6,3	5,1	6,5	6,4	6,3	5,0	4,5	3,9	3,9	4,4	4,8
Alemanha	5,0	5,0	5,0	5,0	6,0	5,0	6,7	7,1	6,8	6,1	5,7	5,5	5,1	5,0	4,4	4,3	4,4
Itália	4,0	4,0	4,0	4,0	3,0	4,0	4,5	5,2	5,3	5,7	5,6	5,7	5,3	5,2	5,2	4,7	4,2
Chile	3,0	3,0	3,0	3,0	3,0	3,0	3,2	3,0	3,0	3,2	3,1	3,5	5,1	4,7	3,5	3,8	4,0
França	3,0	3,0	3,0	3,0	3,0	3,0	3,8	5,2	5,1	4,6	4,7	5,5	5,0	4,2	4,2	3,8	3,8
Espanha	3,0	2,0	2,0	(–)	2,0	2,0	2,6	3,0	2,9	3,2	3,2	4,2	4,3	4,0	3,6	3,4	3,5
Paraguai	5,0	4,0	5,0	9,0	10,0	7,0	5,9	5,9	4,7	4,2	4,6	3,9	4,1	4,3	3,7	3,7	3,5
Portugal	3,0	2,0	2,0	2,0	2,0	3,0	3,4	5,3	5,5	7,0	6,6	5,9	5,5	4,4	3,8	3,6	3,3
Inglaterra	2,0	2,0	2,0	2,0	2,0	2,0	3,0	3,6	3,3	3,1	3,1	3,3	3,5	3,5	3,6	3,2	2,7
Peru	(–)	(–)	(–)	(–)	(–)	(–)	(–)	1,0	0,94	1,1	1,1	1,2	1,9	1,8	1,6	1,5	1,6
Colômbia	(–)	(–)	(–)	(–)	(–)	(–)	(–)	(–)	(–)	(–)	(–)	1,0	0,9	1,9	1,6	1,6	1,6
Bolívia	(–)	(–)	(–)	(–)	(–)	(–)	(–)	(–)	(–)	(–)	(–)	1,1	1,2	1,6	1,7	1,9	1,5
Holanda	(–)	(–)	(–)	(–)	(–)	(–)	(–)	(–)	(–)	(–)	(–)	1,7	1,6	1,6	1,5	1,4	1,3

Fonte: Ministério do Turismo (2012).
Nota: (–) Dados não disponíveis.

Quadro 2.26 Portões de entrada de turistas estrangeiros (participação em %).

Estado	1995	1996	1997	1998	1999	2000	2001	2002	2003	2004	2005	2006	2007	2008	2009	2010	2011
São Paulo	26,0	38,0	36,0	26,0	28,0	27,6	34,4	43,0	48,7	45,5	45,6	46,3	46,8	45,3	38,3	39,0	38,5
Rio de Janeiro	25,0	19,0	20,0	15,0	16,0	15,4	19,5	20,0	15,4	16,6	16,1	15,8	15,3	15,1	18,9	19,0	19,2
Paraná	8,0	7,0	8,0	11,0	14,0	13,5	11,0	10,0	10,5	11,5	11,8	10,5	10,2	11,9	13,8	14,0	13,8
Rio Grande do Sul	23,0	19,0	18,0	20,0	21,0	23,3	16,9	13,0	13,8	12,2	11,9	11,7	11,6	12,3	12,7	12,6	13,3
Santa Catarina	(–)	(–)	(–)	3,0	4,0	4,3	1,5	2,0	1,8	1,7	2,0	2,1	2,0	2,0	2,6	2,4	3,3
Bahia	3,0	2,0	2,0	2,0	1,0	1,6	1,9	1,3	1,4	2,7	2,5	3,5	3,8	3,5	2,9	3,2	3,0
Ceará	(–)	(–)	(–)	(–)	(–)	(–)	(–)	(–)	1,8	2,3	2,1	2,1	2,0	1,9	2,0	1,8	1,7
Pernambuco	3,0	2,0	1,0	1,0	1,0	1,2	1,3	1,2	1,3	1,5	1,6	1,4	1,3	1,6	1,8	1,6	1,4
Distrito Federal	(–)	(–)	(–)	(–)	(–)	(–)	(–)	(–)	(–)	(–)	(–)	(–)	(–)	0,5	0,6	0,7	1,1
Minas Gerais	(–)	(–)	(–)	(–)	(–)	(–)	(–)	(–)	(–)	(–)	(–)	(–)	(–)	0,3	1,0	1,0	0,9
Rio Grande do Norte	(–)	(–)	(–)	(–)	(–)	(–)	(–)	(–)	(–)	1,0	2,1	2,3	2,1	1,3	1,1	0,9	0,8
Mato Grosso do Sul	(–)	2,0	1,0	3,0	4,0	2,3	2,3	1,7	1,0	1,0	1,0	0,9	1,0	0,9	1,2	1,3	0,7
Amazonas	(–)	(–)	(–)	1,0	1,0	0,5	0,6	0,4	0,5	0,4	0,4	0,6	0,6	0,6	0,7	0,5	0,4
Pará	(–)	(–)	(–)	(–)	1,0	0,5	0,3	0,3	0,4	0,3	0,3	0,3	0,4	0,4	0,4	0,3	0,2
Outros	26,0	11,0	14,0	18,0	9,0	9,5	8,4	6,4	2,0	1,9	1,8	1,8	2,0	1,4	1,3	1,0	1,0

Fonte: Ministério do Turismo (2012).
Nota: (–) Dados não disponíveis.

As cidades mais procuradas pelos turistas estrangeiros que chegaram ao Brasil até 2003 foram: Rio de Janeiro, São Paulo e Salvador. Nos anos de 2002 e 2003, Salvador passou a figurar entre as quatro mais visitadas (Quadro 2.27).

Quadro 2.27 As cidades mais visitadas pelos turistas estrangeiros no Brasil no período de 1996 a 2003 (participação em %).

Cidade	1996	1997	1998	1999	2000	2001	2002	2003
Rio de Janeiro	30,5	37,4	30,2	32,5	34,1	28,8	38,6	36,9
São Paulo	22,4	23,5	18,4	13,7	19,7	17,0	20,8	18,5
Salvador	7,7	12,2	10,9	12,7	13,5	11,1	12,8	15,8
Fortaleza	3,2	3,4	4,6	4,7	5,4	5,6	7,2	8,5
Recife	4,7	5,7	7,2	6,4	5,8	7,3	8,2	7,5
Foz do Iguaçu	16,6	11,8	8,9	11,8	12,9	11,5	9,3	7,4
Búzios	2,7	2,8	5,4	4,6	4,0	3,9	3,6	6,0
Porto Alegre	10,1	7,9	7,9	6,0	5,9	7,1	6,4	5,9
Florianópolis	17,0	13,9	14,0	17,6	18,7	15,8	19,6	5,3

Fonte: Embratur/Fade apud Embratur (2004).

Cabe ressaltar aqui que, a partir de 2004, a Embratur modificou a forma de apuração e apresentação dos dados estatísticos, referentes a cidades mais visitadas, gasto médio *per capita*, permanência média e motivação de viagem (no texto, são mantidos os quadros com os dados anteriores à mudança, seguido de outro quadro com as informações na nova sistemática, quando necessário – Quadro 2.28).

Os turistas internacionais que chegaram em 2001 às cidades mencionadas no Quadro 2.29 apresentaram renda média individual anual entre US$ 15.838,06 e US$ 51.855,43. As cidades que receberam os turistas estrangeiros que possuíam as maiores rendas foram São Paulo, Rio de Janeiro e Porto Alegre.

Nos Quadros 2.30 e 2.31, pode-se observar que no ano de 2009 houve uma queda na renda média individual do turista estrangeiro que visita o país, o que, consequentemente, acarretou na diminuição do gasto médio *per capita*/dia independente da motivação de viagem, fatos esses ocorridos em virtude da crise econômica da Europa.

Quadro 2.28 As cidades mais visitadas pelos turistas estrangeiros no Brasil, segundo a motivação – no período de 2004 a 2010 (participação em %).

Cidade	2004	2005	2006	2007	2008	2009	2010
Lazer							
Rio de Janeiro – RJ	33,9	31,5	30,2	30,2	29,1	30,0	27,3
Foz do Iguaçu – PR	21,7	17,0	17,1	16,1	19,0	21,4	23,4
Florianópolis – SC	11,9	12,1	15,1	15,3	16,9	16,7	19,3
São Paulo – SP	13,6	13,6	12,6	13,7	14,9	11,5	9,9
Búzios – RJ	5,8	5,4	4,4	6,4	6,2	7,9	7,5
Negócios, eventos e convenções							
São Paulo – SP	51,4	49,4	51,3	52,5	53,8	48,8	51,3
Rio de Janeiro – RJ	24,6	22,3	22,9	24,7	20,4	24,9	23,9
Curitiba – PR	5,6	5,4	4,8	5,1	4,6	3,7	4,8
Porto Alegre – RS	7,0	8,2	4,7	5,4	5,0	4,9	4,6
Belo Horizonte – MG	4,5	4,1	4,6	4,1	4,7	3,7	4,5
Outros motivos							
São Paulo – SP	30,4	32,5	26,7	30,2	30,3	27,3	30,2
Rio de Janeiro – RJ	26,7	25,0	20,5	19,8	19,7	21,6	22,5
Belo Horizonte – MG	6,5	(–)	(–)	(–)	5,7	6,5	6,3
Salvador – BA	7,6	6,3	6,4	6,9	6,2	5,8	6,2
Curitiba – PR	(–)	4,6	5,4	10,1	5,8	5,4	5,8

Fonte: Ministério do Turismo 2004 a 2011.
Nota: (–) Dados não disponíveis.

Quadro 2.29 Renda média individual anual do turista estrangeiro – 1997 a 2001 (em US$).

Cidade	Renda média individual anual (em US$)				
	1997	1998	1999	2000	2001
São Paulo	71.958,29	51.350,87	55.638,76	59.064,55	51.855,43
Rio de Janeiro	54.764,66	38.058,88	46.719,65	47.820,74	45.126,08
Porto Alegre	54.708,82	44.896,97	33.994,43	37.403,96	34.355,87
Manaus	47.535,71	59.373,91	55.577,65	(–)	(–)
Recife	40.033,61	44.114,46	35.560,25	20.372,97	34.871,04
Fortaleza	37.746,50	39.662,50	(–)	42.366,12	29.470,69
Florianópolis	35.736,45	30.969,57	(–)	31.927,90	24.987,38
Salvador	31.770,35	27.493,88	(–)	32.785,76	28.429,62
Foz do Iguaçu	23.321,88	20.906,96	19.387,85	18.908,96	15.838,06
Brasil	45.704,78	38.440,78	37.505,85	33.736,10	34.726,74

Fonte: Embratur/Fade (2002).
Nota: (–) Dados não disponíveis.

Quadro 2.30 Renda média individual mensal do turista estrangeiro – 2002 a 2010 (em US$).

Ano	Renda média individual mensal
2002	(–)
2003	(–)
2004	3.684,81
2005	3.790,70
2006	3.318,38
2007	3.453,52
2008	3.444,73
2009	3.273,21
2010	3.136,80

Fonte: Ministério do Turismo/Fipe (2011).
Nota: (–) Dados não disponíveis.

Os maiores gastos *per capita*/dia foram realizados nas seguintes localidades: São Paulo, Rio de Janeiro e Porto Alegre. Podemos observar que a renda média individual anual dos turistas que visitaram São Paulo e Rio de Janeiro e os gastos/dia efetuados nessas cidades, incluindo Porto Alegre, superaram a média do país, no período de 1997 a 2001. A partir de 2004, o gasto médio *per capita*/dia passou a ser computado segundo a motivação, como pode ser observado no Quadro 2.32.

A permanência média dos turistas estrangeiros no país, em 2010, foi de 17,2 dias – sendo que a maior média de período de permanência verificada até hoje é de 18,8 dias, ocorrida nos anos 2006 e 2007.

Essa oscilação e queda no período de permanência do turista estrangeiro no Brasil possui ligação íntima com a política econômica desenvolvida na época, principalmente a partir de 1994, com a implantação do Plano Real, quando a moeda nacional valorizou-se em relação ao dólar. Isso elevou o gasto médio *per capita*/dia do turista no país e, consequentemente, diminuiu seu período de permanência. Até 2005, mesmo com o valor do dólar comercial favorável ao turismo internacional, a permanência continuou abaixo do nível alcançado em 1988. Mas, desde então, devido à mudança de método de pesquisa e apuração dos dados, a permanência média anual tem se mantido maior do que a alcançada em 1988.

Quadro 2.31 Gasto médio *per capita*/dia do turista estrangeiro – 1997 a 2001.

Cidade	Gasto/Dia (Em US$)				
	1997	1998	1999	2000	2001
São Paulo	135,58	113,50	142,24	124,58	126,55
Rio de Janeiro	137,33	94,36	110,74	114,74	99,98
Porto Alegre	110,20	89,60	100,03	86,42	97,23
Recife	78,47	66,59	82,58	74,75	78,50
Fortaleza	64,05	52,53	93,02	78,88	77,53
Salvador	81,29	47,17	68,73	102,48	64,03
Florianópolis	56,18	43,06	68,05	58,60	58,16
Foz do Iguaçu	57,69	64,13	55,21	40,93	46,54
Manaus	135,68	152,78	109,62	(–)	(–)
Brasil	72,80	67,57	79,08	84,38	81,21

Fonte: Embratur (2002).
(–) Dados não disponíveis.

Quadro 2.32 Gasto médio *per capita*/dia do turista estrangeiro segundo motivação – no período de 2002 a 2010 (em US$).

Lazer	
2002	(–)
2003	(–)
2004	57,99
2005	60,87
2006	64,33
2007	73,37
2008	68,00
2009	63,26
2010	70,53
Negócios, eventos e convenções	
2002	(–)
2003	(–)
2004	97,99
2005	93,13
2006	105,24
2007	112,86
2008	110,89
2009	106,14
2010	119,14
Outros motivos	
2002	(–)
2003	(–)
2004	48,21
2005	43,51
2006	41,77
2007	43,57
2008	42,79
2009	42,36
2010	48,58

Fonte: Ministério do Turismo/Fipe (2011).
Nota: (–) Dados não disponíveis.

Os motivos que geram as viagens dos turistas estrangeiros ao nosso país são os mais diversos possíveis. Segundo dados do MTur/Fipe os principais motivos apresentados pelos estrangeiros que aqui chegaram em 2010 foram: lazer (46,1%), negócios, eventos e convenções (23,3%) e outros (30,6%), conforme mostra o Quadro 2.33.

A partir de 2002, os dados referentes à motivação congressos foram somados com a motivação negócios, passando a ser denominada Negócios, Eventos e Convenções.

Em 2009, conforme mostra o Quadro 2.33, houve um aumento das viagens por motivação lazer e outros e uma queda de 15,1% na motivação negócios, eventos e convenções, o que sinalizou uma certa cautela das empresas em enviar seus colaboradores para participar de eventos e/ou para realizar negócios no Brasil, devido aos problemas econômicos em curso na Europa.

A partir de 1995, após a implantação do Plano Real, o número de turistas que chegaram ao país para turismo de lazer sofreu um decréscimo, enquanto o número de turistas que vieram para participar de eventos apresentou crescimento bastante expressivo, ou seja, de 1994 a 1995 sofreu acréscimo de 81,5% e tem mantido, nos últimos anos, uma média de crescimento anual de 10,5% (Quadro 2.34).

Em 1998, o número de turistas que vieram ao país a lazer voltou a crescer, enquanto os demais tipos apresentaram quedas consideráveis. A partir de 2001, esse quadro inverteu-se, os turistas a lazer diminuíram e os outros tipos mostraram aumento.

Como é possível verificar, a participação do segmento Negócios, Eventos e Convenções no número de turistas que vieram ao Brasil em 2010 foi de 23,3%. Segundo o MTur, esses turistas tiveram um gasto médio *per capita*/dia de US$ 119,14 e permaneceram, em média, 17,2 dias na cidade-sede do evento.

Em relação à saída de turistas nacionais para o exterior, pode-se verificar, no Quadro 2.35, que, apesar das crises econômicas ocorridas no país e no mundo, até 1998 ocorreu crescimento do número de brasileiros que viajaram para fora do país, mas a partir de 1999, com a desvalorização da moeda real em relação ao dólar, ocorreu uma retração na saída de brasileiros para o exterior.

Quadro 2.33   Permanência e motivo da viagem dos turistas estrangeiros ao Brasil.

Ano	Permanência média em dias[3]	Motivo da viagem %			
		Lazer	Negócios, eventos e convenções	Congressos	Outros
1987	14,9	77,5	17,7	3,7	1,1
1988	16,7	77,7	18,1	3,2	1,0
1989	15,5	78,8	14,8	2,5	3,9
1990	14,5	74,5	18,8	3,7	3,0
1991	16,0	74,4	18,4	3,7	3,5
1992	13,5	72,6	21,4	2,9	3,1
1993	13,0	75,3	18,0	3,8	2,9
1994	13,8	76,3	19,4	2,9	1,4
1995	13,1	69,5	22,0	4,9	3,6
1996	13,1	67,2	24,6	4,1	4,1
1997	12,9	65,3	28,3	4,3	2,1
1998	13,3	71,8	22,7	4,0	1,6
1999	14,0	77,6	18,1	3,1	1,2
2000	12,0	57,0	23,4	4,4	1,0
2001	12,2	55,5	24,3	5,9	2,2
2002[1]	14,0	51,2	28,3	(*)	20,5
2003	13,5	53,9	26,0	(*)	20,1
2004[2]	12,7	48,5	28,7	(*)	22,8
2005	17,4	44,4	29,1	(*)	26,5
2006	18,8	44,1	28,1	(*)	27,8
2007	18,8	44,3	27,4	(*)	28,3
2008	17,5	42,7	27,0	(*)	30,3
2009	17,5	45,5	22,9	(*)	31,6
2010	17,2	46,1	23,3	(*)	30,6

Fonte: Ministério do Turismo/Fipe (2011).
Nota: (1) A partir de 2002, os dados referentes a congressos passaram a ser somados com negócios.
   (2) A partir de 2004, a Embratur modificou o método de pesquisa de demanda turística, por isso a diferença gritante de valores na motivação outros.
   (3) A partir de 2004, a Embratur modificou o método de pesquisa e a forma de apurar os dados, isso pode ter gerado o aumento considerável da permanência média no país.
   (*) Dados não disponíveis.

Quadro 2.34 Número de turistas no país com a finalidade de participar de eventos.

Ano	Número de turistas
1988	55.775
1989	35.072
1990	40.369
1991	44.112
1992	48.950
1993	62.363
1994	53.745
1995	97.579
1996	109.285
1997	122.539
1998	192.723
1999	161.897
2000	236.980
2001	281.581
2002[1]	1.071.126
2003	1.074.540
2004	1.375.794
2005	1.559.227
2006	1.409.847
2007	1.377.078
2008	1.363.526
2009	1.099.707
2010	1.202.601

Fonte: MTur/Fipe (2011).
Nota: (1) A partir de 2002, a motivação eventos passou a ser somada com negócios.

Quadro 2.35 Saída de turista nacional do Brasil para o exterior (em milhões).

Ano	Número de turistas
1988	954,8
1989	1.069,5
1990	1.188,1
1991	1.307,0
1992	1.314,0
1993	1.400,0
1994	2.100,0
1995	2.600,0
1996	3.797,2
1997	4.014,3
1998	4.171,1
1999	2.862,7
2000	2.888,4
2001	2.268,6
2002	1.860,8

Fonte: Embratur/DPF apud Embratur (2002).

Impacto econômico dos eventos internacionais no Brasil

Em 2008, o MTur e a Embratur divulgaram um estudo sobre os impactos econômicos dos eventos internacionais realizados no Brasil no período entre setembro de 2007 e janeiro de 2008.

Nesse estudo, foram selecionados seis eventos que aconteceram em Foz do Iguaçu (PR), Porto Alegre (RS), São Paulo (SP) e Rio de Janeiro (RJ) e tiveram um total de 4.688 participantes, conforme mostra o Quadro 2.36.

Esse estudo possibilitou ao MTur e à Embratur traçar um perfil do turista de eventos, isto é, procedência, como viaja, quanto gasta e outras informações importantes para os organizadores de eventos do país.

Os principais países emissores de turistas de eventos para o Brasil foram: Estados Unidos (12,08%), Equador (8,18%), Peru (5,10%), França (4,68%) e Argentina (4,53%).

Quadro 2.36 Eventos que participaram da pesquisa de impacto econômico no período entre setembro de 2007 e janeiro de 2008.

Evento	Cidade	Período	Amostra	N. de participantes
Canoe Slalom World Championship 2007	Foz do Iguaçu – PR	19 a 23/09/2007	162	439
XX Latin American Poultry Congress	Porto Alegre – RS	25 a 28/09/2007	326	1.391
11ª International Conference on Computer Vision	Rio de Janeiro – RJ	14 a 21/10/2007	278	750
XV Cochrane Colloquium	São Paulo – SP	23 a 27/10/2007	214	535
The Internet Governance Forum	Rio de Janeiro – RJ	12 a 15/11/2007	310	1.363
IPTV World Forum Latin America	Rio de Janeiro – RJ	29 a 30/01/2008	169	210
Total da amostra em n. de participantes			**1.459**	**4.688**

Fonte: Embratur (2008).

Dos 1.459 participantes pesquisados, 69,9% vinham pela primeira vez ao Brasil, 76,6% pertenciam ao sexo masculino, 59,3% informaram ser casados e 65,7% estavam na faixa etária entre 25 e 45 anos. Com relação à formação escolar, verificou-se que 46,3% possui mestrado/doutorado, 20,4% especialização e 30,1% ensino superior.

Sobre o segmento de atividade profissional, o estudo apontou que os participantes dos eventos têm como ocupação principal os seguintes setores: emprego no setor privado (39,1%), emprego no setor público (21,7%), estudante (11,6%), empresário (11,1%) e profissional liberal/autônomo (6,7%).

Com relação à renda mensal, a maioria dos participantes (69,8%) desses eventos possui rendimento entre US$ 1.001 a 8.000.

Sobre a organização da viagem, 39,3% dos participantes informaram ter utilizado agência de viagem, enquanto outros 35,1% organizaram sua própria viagem.

Para chegar à cidade do evento, 97,7% dos participantes utilizaram avião e, para trasladar-se do aeroporto ao hotel, 62,4% usaram serviço de táxi e 96,6% se hospedaram em hotel, gerando uma média de seis pernoites na localidade.

Com relação aos gastos realizados durante a estada, apurou-se que o participante de evento tem um gasto médio diário de US$ 312,27, enquanto o turista de lazer, no ano de 2007, gastava uma média diária de US$ 73,37, conforme se observa nos Quadros 2.37 e 2.32.

Quadro 2.37 Composição do gasto médio diário do participante em evento (US$).

Serviços/outros gastos	Gasto médio
Hospedagem	149,39
Alimentos e bebidas	49,83
Compras e presentes	32,80
Transporte	26,63
Cultura e lazer	23,22
Telecom	16,80
Outros gastos	13,61
Total	**312,27**

Fonte: Embratur (2008).

Sobre a decisão de participar do evento, 54,7% informaram que o fato do evento ter sido no Brasil teve influência na sua decisão, enquanto 56,9% dos participantes informaram que a cidade-sede não pesou tanto na sua escolha, e sim o tema do evento.

Isso demonstra que as pessoas, ao decidirem participar de um evento, pesquisam e analisam as informações disponíveis antes de fazerem sua escolha, por isso a importância da antecedência na divulgação do tema e da programação do evento.

Para as entidades promotoras e empresas organizadoras de eventos, a avaliação dos eventos e dos serviços oferecidos aos participantes, por meio de respostas múltiplas, revela os seguintes benefícios para a entidade nacional: exposição internacional (100%), credibilidade (60%), exposição nacional (40%) e capacidade de organização (40%).

As principais fontes de receitas para as entidades promotoras e empresas organizadoras de eventos identificadas por meio de respostas múltiplas nessa pesquisa foram: receita com inscrição (80%), exposição nacional (40%) e venda de espaço comercial (40%).

A maioria (60%) das entidades promotoras dos eventos pesquisados informou que utilizaram os serviços de uma empresa organizadora de eventos.

O resultado desse estudo mostra o impacto econômico dos gastos realizados pelos participantes estrangeiros nos seis casos pesquisados, o que totalizou US$ 8.575.286, conforme apresentado no Quadro 2.38.

Quadro 2.38 Gastos dos participantes estrangeiros dos seis eventos pesquisados.

Variável	Gasto Total (US$)	Gasto Total (%)
Telecomunicações	512.862	5,98
Cultura e lazer	652.261	7,61
Transporte (táxi, ônibus e outros)	735.853	8,58
Compras e presentes	886.990	10,34
Alimentos e bebidas	1.280.143	14,93
Hospedagem	4.030.133	47,00
Outros	477.044	5,56
Movimentação econômica (US$)	8.575.286	100,00

Fonte: Embratur (2008).
Nota: Os cálculos foram realizados baseados em dados da pesquisa que identificou uma permanência média de seis dias e o número de participantes (4.688) fornecidos pelas organizações dos eventos.

O turismo doméstico

Recentemente, o turismo doméstico no Brasil sofreu um grande impulso e cada vez mais é maior o número de pessoas que estão circulando pelo país movidas pela vontade de conhecer novos lugares, seus serviços e gerar novas oportunidades de negócio.

O Turismo Doméstico, em 2001, movimentou pelo país cerca de 41,3 milhões de turistas, o que significa aproximadamente 24% da população. Esse índice mostra um crescimento surpreendente em relação ao ano de 1980, que se situava na casa dos 12%. Os reflexos causados pelo Turismo Doméstico podem ser observados nos resultados econômicos apresentados pelo país nesse mesmo ano.

A atividade gerou uma receita de US$ 48,4 milhões, representando 2,5% do PIB nacional, arrecadou US$ 7 bilhões com impostos (diretos e indiretos) e empregou 4,5 milhões de pessoas.

Em 2006, o MTur resolveu atualizar os estudos sobre o turismo doméstico no país e contratou a Fipe para atualizar o estudo realizado em 2001. Seu resultado forneceu alguns indicadores para a análise do desempenho do turismo doméstico nesse período.

Conforme mostra o Quadro 2.39, os principais estados emissores de turistas domésticos estão localizados nas regiões Sul e Sudeste do país. São eles: São Paulo, Minas Gerais e Rio Grande do Sul.

Quadro 2.39 Principais estados emissores de turistas domésticos.

Estado	% de participação			
	2001	2005	2006	2007
São Paulo	27,7	35,7	41,3	30,4
Minas Gerais	8,4	13,6	13,7	16,4
Rio Grande do Sul	5,4	7,9	7,2	8,9
Rio de Janeiro	13,0	8,3	8,1	7,4
Paraná	6,9	7,4	6,9	6,3
Bahia	6,6	3,5	6,3	5,9

Fonte: Fipe/Ministério do Turismo (2001/2006/2009).

Entre os estados que mais receberam turistas, a região sudeste mantém a liderança com os estados de São Paulo, Minas Gerais e Rio de Janeiro, vindo a seguir a região nordeste, com o estado da Bahia (Quadro 2.40).

Quadro 2.40 Principais estados receptores de turistas domésticos.

Estado	% de participação			
	2001	2005	2006	2007
São Paulo	23,3	27,7	29,4	27,3
Minas Gerais	8,6	10,8	10,8	11,4
Rio de Janeiro	9,7	8,4	8,7	8,0
Bahia	8,6	7,4	7,4	7,4
Rio Grande do Sul	5,9	6,8	6,4	7,2
Santa Catarina	5,3	7,2	7,2	6,5
Paraná	6,5	6,4	5,9	5,8
Ceará	5,9	3,4	3,3	3,5

Fonte: Fipe/Ministério do Turismo (2001/2006/2009).

As principais cidades visitadas nos estados mais procurados pelos turistas brasileiros são São Paulo, Rio de Janeiro e Brasília (Quadro 2.41).

Quadro 2.41 Cidades mais visitadas no país pelos turistas brasileiros.

Cidade	% de participação		
	1998	2006	2007
São Paulo	4,1	4,6	7,5
Brasília	1,2	1,6	3,3
Rio de Janeiro	3,5	3,2	3,2
Belo Horizonte	1,0	1,7	2,7
Salvador	1,6	2,0	2,3
Curitiba	1,6	1,4	1,7
Florianópolis	(–)	(–)	1,7
Praia Grande	(–)	(–)	1,6
Porto Alegre	1,5	1,7	1,5
Fortaleza	2,5	2,4	1,5
Campinas	(–)	(–)	1,3
Goiânia	(–)	(–)	1,2
Recife	1,9	1,6	1,1
Balneário Camboriú	(–)	(–)	1,1
Caldas Novas	(–)	(–)	0,9

Fonte: Fipe/Ministério do Turismo (2001, 2006, 2009).
Nota: (–) Dados não disponíveis.

Os estados brasileiros que mais lucraram com o turismo doméstico em 2007 foram: São Paulo, Minas Gerais e Bahia (Quadro 2.42).

Sobre a motivação dos turistas brasileiros que circularam pelo país em 2001 e 2007, foi identificado que a maioria deles viaja pela motivação lazer (Quadro 2.43).

Quadro 2.42 Estados brasileiros que mais lucraram com o turismo doméstico em 2001 e 2007.

Estados	% de participação	
	2001	2007
São Paulo	22,4	23,9
Minas Gerais	(-)	9,8
Bahia	10,1	9,7
Rio de Janeiro	10,5	9,1
Santa Catarina	6,4	8,2
Paraná	(-)	5,3
Rio Grande do Sul	(-)	5,2
Ceará	7,4	4,5
Pernambuco	(-)	3,4
Goiás	(-)	3,3

Fonte: Ministério do Turismo/Fipe (2002 e 2007).
Nota: (-) Dados não disponíveis.

Quadro 2.43 Motivação do turismo doméstico em 2001 e 2007.

Motivação	% de participação	
	2001	2007
Lazer	68,4	67,1
Negócios	23,3	24,2
Outros	8,3	8,7

Fonte: Ministério do Turismo/Fipe (2001 e 2009).

Dimensionamento econômico do setor de eventos no Brasil

No ano de 2001, o Fórum Brasileiro de Convention and Visitors Bureaux (FBC&VB) efetuou um estudo sobre a atividade eventos no Brasil. Os resultados não foram considerados no texto apresentado anteriormente, porque, nesse estudo, não está identificado o que é resultado dos eventos nacionais e internacionais. Porém, é importante apresentar um resumo do que foi obtido com ele.

Segundo o FBC&VB, o universo de espaços de eventos no Brasil abrange 1.664 unidades e o setor de eventos envolve 400 empresas organizadoras e entidades promotoras de eventos, número este sabidamente conservador, uma vez que corresponde exclusivamente ao número oficial de cadastros na Embratur (2001).

O estudo mostra também que a capacidade total de espaços de eventos no Brasil é retratada pelo montante de 1.732.204 assentos, os quais desfrutam de 49% de taxa de ocupação anual e por 1.350.555 m², que por sua vez apresentam taxa de ocupação anual de 48%.

A pesquisa revelou que são realizados no Brasil 319.488 eventos/ano, com a participação de 79.872.000 pessoas, gerando uma receita de R$ 32,7 bilhões e 727.168.000 empregos diretos e indiretos.

Os tributos provenientes da atividade eventos no país atinge cifras em torno de R$ 3,7 bilhões.

Política nacional de turismo e recursos orçamentários

A política de turismo do governo federal do período de 1996 a 1999 definiu quatro macroestratégias que foram implementadas até 2002:

- implantação de infraestrutura básica e turística adequadas às potencialidades regionais;
- ordenamento, desenvolvimento e promoção da atividade pela articulação entre o governo e a iniciativa privada;
- qualificação profissional dos recursos humanos envolvidos no setor;
- descentralização da gestão turística por intermédio do fortalecimento dos órgãos delegados estaduais, municipalização do turismo e terceirização de atividades para o setor privado.

Nesse período, para a implementação das quatro macroestratégias e a promoção e marketing do produto turístico brasileiro, a Embratur recebeu recursos orçamentários, conforme mostra o Quadro 2.44.

No ano de 2002, observa-se (Quadro 2.45) que os recursos orçamentários destinados à Embratur cresceram cerca de 9,8 vezes em relação a 1994, enquanto, no período de 1994 a 2000, o orçamento para promoção e marketing do produto turístico brasileiro aumentou aproximadamente 17 vezes. Isso demonstra a preocupação do governo federal

Quadro 2.44 Recursos orçamentários da Embratur para promoção e marketing (em R$)

Ano	Valor
1994	2.714.053,00
1995	5.177.301,00
1996	7.074.966,00
1997	21.723.676,00
1998	29.144.671,00
1999	(–)
2000	46.670.000,00
2001	38.100.000,00
2002	28.108.000,00

Fonte: Embratur (2002).
Nota: (–) Dados não disponíveis.

Quadro 2.45 Recursos orçamentários da Embratur (em R$).

Ano	Valor
1994	24.591.000,00
1995	38.191.000,00
1996	58.516.000,00
1997	96.021.000,00
1998	144.259.000,00
1999	139.447.000,00
2000	204.157.000,00
2001	258.518.000,00
2002	241.780.000,00

Fonte: Embratur (2002).

da época com o desenvolvimento do turismo, isto é, acreditava-se que investir na promoção do turismo incrementaria o fluxo de turistas ao país, o que, consequentemente, aqueceria a economia, pois a atividade turística causa impactos diretos e indiretos em 52 setores componentes da atividade econômica.

A partir de 2001, os recursos orçamentários da Embratur destinados a promoção e marketing do produto turístico brasileiro começaram a apresentar queda bastante acentuada, chegando a atingir, em 2002, ano de eleição para presidente da República, valor inferior ao de 1998.

A política de turismo do governo federal para o período de 2003 a 2007, iniciou-se com a criação do MTur, órgão responsável pela elaboração e implantação do PNT. As cinco metas prioritárias estabelecidas pelo PNT para o turismo brasileiro nesse período foram:

- criar condições para gerar 1.200.000 novos empregos e ocupações;
- aumentar para 9 milhões o número de turistas estrangeiros no Brasil;
- gerar US$ 8 milhões de divisas;
- aumentar para 65 milhões a chegada de passageiros nos voos domésticos;
- ampliar a oferta turística brasileira, desenvolvendo, no mínimo, três produtos de qualidade em cada estado da Federação e Distrito Federal.

O PNT do período de 2007 a 2010 foi elaborado a partir de um diagnóstico realizado sobre a implantação PNT do período 2003 a 2007. Esse conhecimento da situação atual fez com que identificasse o que foi cumprido, o que estava em andamento e o que precisaria ser feito. Cabe ressaltar que ainda não foi apresentado o PNT do período 2010 a 2013.

A partir de 2003, o orçamento para a gestão do Turismo no Brasil passou a ser destinado ao MTur. Os valores designados a esse organismo, no período de 2003 a 2012, podem ser visualizados no Quadro 2.46. Cabe ressaltar que, nesses valores, não estão inclusos despesas com pessoal e também os recursos destinados ao Fundo Geral de Turismo – Fungetur.

Com a criação do MTur, a partir de 2003, a responsabilidade pela promoção, pelo marketing e pelo apoio à comercialização dos destinos, serviços e produtos brasileiros no mercado internacional ficou a cargo da Embratur. Para realizar suas atribuições, a Embratur recebe do MTur verba destinada para isso, conforme mostra o Quadro 2.47.

Quadro 2.46 Recursos orçamentários do Ministério do Turismo no período de 2003 a 2012 (R$ milhões).

Ano	Valor
2003	377,7
2004	531,6
2005	1.056,2
2006	1.699,1
2007[1]	1.829,4
2008[2]	3.002,0
2009	2.923,9
2010	4.189,2
2011	3.646,4
2012	2.645,1

Fonte: Ministério do Turismo (2003 e 2004) e Sistema Integrado de Administração Financeira do Governo Federal – Siafi (2005 a 2012).
Nota: (1) Neste ano não está computado o mês de dezembro.
(2) A partir de 2008, os recursos orçamentários da Embratur para promoção do Brasil no exterior passaram a ser computados junto com o orçamento do MTur.

Quadro 2.47 Recursos orçamentários da Embratur para promoção do Brasil no exterior no período de 2003 a 2009 (R$ milhões).

Ano	Valor
2003	53,1
2004	73,3
2005	101,2
2006	79,0
2007[1]	122,9
2008[1]	70,0

Fonte: Ministério do Turismo/Siafi até 2006.
Nota: (1) Assessoria de Comunicação do Ministério do Turismo – Ascom – para os anos de 2008 e 2009.

A previsão orçamentária do governo federal para 2009 foi revista por causa da crise econômica mundial. O organismo mais afetado foi o MTur, que teve 86,3% da sua verba de R$ 2.923,9 bilhões bloqueada, o que significa que a sua previsão de recursos para esse ano seria de R$ 400,5 milhões.

Resumo

Para entender melhor a atividade turística e o turismo de eventos nesse contexto, inicialmente são apresentados os conceitos de turismo e de turismo de eventos, bem como o inter-relacionamento da atividade turística com as várias outras ciências, como sociologia, psicologia, economia, direito etc. Posteriormente, é mostrada uma série de dados estatísticos referentes ao turismo internacional no mundo, enfocando sua importância econômica e social em termos de faturamento, arrecadação de impostos, geração de empregos etc. Outro ponto abordado é a importância do turismo de eventos como componente da atividade turística e da economia internacional, como também o papel da promoção e marketing nesse contexto. Com relação ao Brasil, são exibidos dados referentes ao turismo doméstico e internacional e o que o turismo de eventos representa para a atividade turística.

Ainda nesse capítulo, são enfocados a política nacional de turismo do período de 1996 a 1999, que contempla quatro macroestratégias implementadas até 2002, e também os recursos orçamentários referentes a esse período de governo, bem como apresenta, em linhas gerais, o atual PNT e as cinco metas prioritárias que foram estabelecidas para o período de 2003 a 2007.

Exercícios

1. Como você analisa a relação: países que mais receberam turistas no mundo e países que mais faturaram com o turismo?
2. Como está situado o Brasil no *ranking* dos países-sede de eventos em relação ao mundo e às Américas?
3. Como você explicaria a posição dos Estados Unidos no *ranking* de faturamento com o turismo internacional, se este país não figura entre os dez maiores investidores em promoção turística?
4. Os planos econômicos que marcaram as últimas décadas da economia brasileira tiveram alguma influência no desenvolvimento do turismo no país? Justifique sua resposta.

PARTE II
Compreendendo o que é evento

CAPÍTULO
3 Conceitos, classificação e tipologia

Conceitos

Para que se possa entender melhor o objeto deste estudo, dentro de um processo histórico, torna-se necessário inicialmente conceituá-lo. Segundo Simões (1995),

> evento é um acontecimento criado com a finalidade específica de alterar a história da relação organização-público, em face das necessidades observadas. Caso esse acontecimento não ocorresse, a relação tomaria rumo diferente e, certamente, problemático.

Para Giácomo (1993), "evento é componente do mix da comunicação, que tem por objetivo minimizar esforços, fazendo uso da capacidade sinérgica da qual dispõe o poder expressivo no intuito de engajar pessoas numa ideia ou ação".

Como os eventos são uma atividade dinâmica, sua conceituação tem sido objeto de modificações, conforme vai evoluindo. Portanto, segundo a experiência de vários especialistas da área, evento significa:

+ Ação do profissional mediante pesquisa, planejamento, organização, coordenação, controle e implantação de um projeto, visando atingir seu público-alvo com medidas concretas e resultados projetados;
+ Conjunto de atividades profissionais desenvolvidas com o objetivo de alcançar o seu público-alvo pelo lançamento de produtos, apresen-

tação de uma pessoa, empresa ou entidade, visando estabelecer seu conceito ou recuperar sua imagem;
- Realização de um ato comemorativo, com finalidade mercadológica ou não, visando apresentar, conquistar ou recuperar o seu público-alvo;
- Soma de ações previamente planejadas com o objetivo de alcançar resultados definidos perante seu público-alvo.

Classificação

Em relação ao público

Os eventos em relação ao público que atingem podem ser classificados em:

- *Eventos fechados*: ocorrem dentro de determinadas situações específicas e com público-alvo definido, que é convocado e/ou convidado a participar;
- *Eventos abertos*: propostos a um público, podem ser divididos em evento aberto por adesão e evento aberto em geral. O evento aberto por adesão é aquele apresentado e sujeito a um determinado segmento de público, que tem a opção de aderir mediante inscrição gratuita e/ou pagamento de taxa de participação. O evento aberto em geral é aquele que atinge todas as classes de público.

Em relação à área de interesse

Há uma grande diversidade de eventos realizados em relação à área de interesse. Esses eventos podem ser classificados em:

- *Artístico*: relacionado a qualquer manifestação de arte ligada à música, pintura, poesia, literatura e outras;
- *Científico*: trata de assuntos referentes às ciências naturais e biológicas, como medicina, botânica e outros;
- *Cultural*: ressalta os aspectos de determinada cultura, para conhecimento geral ou promocional;

+ *Cívico*: trata de assuntos ligados à pátria;
+ *Desportivo*: ligado a qualquer tipo de evento do setor esportivo, independente de sua modalidade;
+ *Folclórico*: trata de manifestações de culturas regionais de um país, abordando lendas, tradições, hábitos e costumes típicos;
+ *Lazer*: proporciona entretenimento ao seu participante;
+ *Promocional*: promove um produto, pessoa, entidade ou governo, quer seja promoção de imagem ou apoio ao marketing;
+ *Religioso*: trata de assuntos religiosos, seja qual for o credo;
+ *Turístico*: explora os recursos turísticos de uma região ou um país, por meio de viagens de conhecimento profissional ou não.

Em relação ao número de participantes

Em relação ao número de participantes os eventos podem ser classificados em:

+ *Pequeno*: até 150 participantes;
+ *Médio*: entre 150 e 500 participantes;
+ *Grande*: acima de 500 participantes;
+ *Megaevento*: acima de 5 mil participantes. Para ser considerado um megaevento, além do número de participantes, ele deve apresentar as características que esse tipo de evento possui, conforme será mostrado no item a seguir.

Tipologia

Os eventos, conforme as características e as peculiaridades que apresentam, podem ser classificados em diversos tipos. Para identificar os que serão apresentados a seguir, buscaram-se subsídios em vários autores e foi acrescentada a experiência da autora na área.

Os tipos mais comuns de evento são:

- *Assembleia*: reunião da qual participam delegações representantes de grupos, estados, países etc. Sua principal característica é debater assuntos de grande interesse de grupos, classes profissionais, países, regiões ou estados. O desenrolar dos trabalhos apresenta peculiaridades, como: delegações colocadas em lugares preestabelecidos, conclusões apresentadas são votadas em plenário e, posteriormente, transformadas em recomendações da assembleia; somente as delegações oficiais têm direito a voto, mas isso não impede a inscrição de participantes interessados no assunto, que terão apenas a função de ouvintes;
- *Brainstorming*: reunião desenvolvida para estimular a produção de ideias. Reúne pessoas que irão emitir suas ideias livremente sobre determinado assunto. As ideias inicialmente propostas são discutidas e analisadas, propiciando o surgimento de outras ou a melhora destas. Divide-se em duas etapas: a criativa e a avaliativa. A primeira é aquela em que os participantes expõem suas ideias, sem qualquer tipo de censura ou crítica, e um membro do grupo encarrega-se de anotá-las. A segunda é quando as ideias coletadas são discutidas e analisadas, propiciando traçar um perfil do objetivo pretendido. Esse tipo de reunião geralmente é utilizado por agências de publicidade para a criação de campanhas e também por entidades promotoras de eventos para organização destes;
- *Brunch*: evento recentemente importado dos Estados Unidos, muito usado hoje em dia pelos hotéis (principalmente à beira da piscina) aos domingos; trata-se de café da manhã e almoço. O sucesso do *brunch* está na forma equilibrada como são servidos doces, salgados, sucos e bebidas alcoólicas leves. A origem da palavra *brunch* vem da junção de *breakfast* (café da manhã) e *lunch* (almoço);
- *Colóquio*: reunião fechada que visa esclarecer determinado tema ou tomar alguma decisão; é muito utilizado por diversas classes de profissionais. Geralmente, desenvolve-se da seguinte forma: é sugerido um tema central, em que o plenário deve ser agrupado por subtemas, as discussões são conduzidas por um moderador, responsável pela apresentação das conclusões e por submetê-las à aprovação do plenário;
- *Concílio*: reunião de prelados católicos, na qual são tratados assuntos dogmáticos, doutrinários ou disciplinares;

+ *Conclave*: do latim *cum clave*, que significa "com chave". É a reunião dos cardeais em rigorosa clausura para eleição de um novo papa. Eles ficam incomunicáveis com o mundo exterior até que haja um papa eleito;
+ *Concurso*: sua principal característica é a competição, podendo ser aplicado a diversas áreas: artística, cultural, desportiva, científica e outras. Deve ser coordenado por uma comissão organizadora, que estabelecerá o regulamento, a premiação e o júri;
+ *Conferência*: caracteriza-se pela apresentação de um tema informativo (geral, técnico ou científico) por autoridade em determinado assunto para um grande número de pessoas. É uma reunião bastante formal, que exige a presença de um presidente de mesa que coordenará os trabalhos. Não são permitidas interrupções e as perguntas são feitas no final da apresentação por escrito e com identificação;
+ *Congresso*: reuniões promovidas por entidades associativas que visam debater assuntos de interesse de determinado ramo profissional, por exemplo: médicos, engenheiros, professores, economistas. Os congressos podem ser de âmbito internacional, nacional, regional, estadual e municipal. As sessões de trabalho dos congressos são divididas em vários outros tipos de evento: mesa-redonda, conferência, simpósio, comissões, painéis, palestras, debates. Os congressos podem ser divididos em técnicos ou científicos. Os congressos científicos são aqueles promovidos por entidades ligadas aos ramos das ciências naturais e/ou biológicas. Os congressos técnicos são aqueles realizados por entidades ligadas ao ramo das ciências exatas ou sociais. Basicamente, os congressos técnicos se desenvolvem por intermédio de sessões de comissões ou grupos de trabalhos, divididos em tantos quanto for necessário, de acordo com a complexidade do tema ou o número de participantes.

Cada grupo de trabalho discute um tema, apresentando sua recomendação à sessão plenária da qual participam todos os congressistas. Essas recomendações são submetidas à apreciação do plenário, que, no final, votará por sua aprovação ou não. Uma vez aprovadas as recomendações, estas farão parte das conclusões do congresso, que serão encaminhadas às autoridades competentes, como pronunciamento oficial da classe. Um documento, conhecido como "anais" do

congresso, registrando essas conclusões, bem como os trabalhos apresentados, é entregue ao final do evento;
+ *Convenção*: reunião promovida por empresas, setores industriais (vendedores) e partidos políticos. As convenções, quando reúnem pessoas de empresas, são realizadas por setores distintos ou congrega todos os setores integrantes da empresa. Há também convenções de vendas, que reúnem os elementos ligados ao setor (vendedores, revendedores, distribuidores, representantes) para o lançamento de um novo produto ou a apresentação de um novo plano de expansão no mercado.

Outros tipos de convenção podem ser realizados, como convenções para congraçamento, comemorativas, de fim de ano etc. Todas as convenções buscam a integração de pessoas pertencentes a uma determinada empresa ou partido político, submetendo-se a certos estímulos coletivos para que possam agir em defesa dos interesses da referida empresa ou partido;
+ *Coquetel*: reunião de pessoas cujo objetivo é a comemoração de alguma data ou acontecimento. Nesse tipo de evento, são servidos bebidas e canapés. É um evento de curta duração, nunca devendo ultrapassar uma hora e meia. Segundo Carvalho (1987), o coquetel caracteriza-se pelos "4 S": um para surgir, um para saudar, um para sorrir e o último para sumir;
+ *Debate*: discussão entre dois oradores, cada um defendendo um ponto de vista. Existe a necessidade de um moderador para a coordenação do debate. Pode ser aberto ao público ou transmitido por veículo de mídia, entretanto, a plateia nunca participa com perguntas;
+ *Desfile*: evento que se classifica na categoria promocional. Geralmente, é promovido por confecções para a apresentação de seus produtos. As condições básicas para seu sucesso são a escolha adequada dos convidados, dos produtos a serem mostrados, dos manequins (demonstradores), da trilha sonora e uma divulgação eficiente;
+ *Encontro*: reunião de pessoas de uma categoria para debater sobre temas antagônicos, apresentados por representantes de grupos participantes, necessitando de um coordenador para resumir e apresentar as conclusões dos diversos grupos;
+ *Entrevista coletiva*: tipo de evento no qual um especialista ou representante de empresa, entidade ou governo se coloca à disposição para

responder sobre determinado assunto de seu conhecimento; os questionadores são a imprensa;
+ *Exposição*: exibição pública de produção artística, industrial, técnica ou científica. Pode haver ou não objetivo de venda dos produtos expostos;
+ *Feira*: exibição pública com o objetivo de venda direta ou indireta, constituída de vários estandes, montados em lugares especiais, onde se colocam produtos e serviços. Para Buendía (1991, p.136), as feiras subdividem-se em:
  – comerciais: são aquelas que têm por finalidade principal promover e vender. Nesses eventos, os expositores fabricantes ou distribuidores de produtos acabados mostram suas ofertas aos compradores e ao público em geral;
  – industriais: são eventos que exibem bens e serviços para a indústria de transformação. Deles participam diversos provedores da indústria e a comercialização dos seus produtos não é feita para público em geral;
  – promocionais: são eventos dirigidos a um grupo específico ou profissional, onde são expostos serviços, equipamentos ou materiais relacionados diretamente à profissão do grupo.
+ *Fórum*: reunião que visa conseguir efetiva participação de um público numeroso, a fim de obter mais informações sobre determinado tema. Permite aos interessados (técnicos e especialistas) debater com liberdade seus pontos de vista a respeito de temas em pauta, em busca de consenso geral;
+ *Happy hour*: reunião de fim de tarde (coquetel/drinque), promovida por bares e restaurantes, caracterizada por disputas (dado, dardo, dominó e outras) entre maîtres e clientes, nas quais quem ganha não paga a conta;
+ *Jornada*: encontros de grupos profissionais, de âmbito regional, para discutir assuntos de interesse comum. Esses encontros são promovidos por entidades de classe e as conclusões podem servir de diretrizes para o segmento;
+ *Megaevento*: evento de lazer e turismo em larga escala, como os Jogos Olímpicos ou as Feiras Mundiais. Geralmente, é de curta duração, com consequências de longa duração para as cidades que o sediam. Está associado à criação de infraestrutura e comodidades para o evento,

frequentemente tendo débitos a longo prazo e sempre requerendo uso programado com bastante antecedência. Um megaevento, se bem-sucedido, projeta nova (ou talvez renovada) e persistente imagem positiva da cidade-sede por meio da mídia nacional e internacional, particularmente por cobertura de televisão. É frequente haver consequências a longo prazo em termos de turismo, relocação industrial e entrada de investimentos. Como resultado, os governantes e organizadores de eventos tipicamente clamam que megaeventos ajudam a nomear necessidades econômicas e culturais e direitos dos habitantes locais, embora não vendo de fato se os cidadãos foram consultados sobre participarem da sua realização. Essa atividade é considerada uma produção social;

- *Mesa-redonda*: reunião questionadora de um grupo de 4 a 8 pessoas, sentadas em semicírculo, as quais debatem sobre um assunto controvertido e de interesse público. Um moderador coordena os trabalhos e o plenário pode ou não participar por intermédio de perguntas;
- *Mostra*: exposição itinerante;
- *Oficina*: evento semelhante ao *workshop*, mais utilizado pela área educacional, porque proporciona a construção do conhecimento, enquanto o *workshop* destina-se mais à área empresarial, pois visa à demonstração de produtos;
- *Painel*: tipo de reunião derivado da mesa-redonda. Tem como objetivo reproduzir as informações de um pequeno grupo para um grande grupo assistente, permitindo vários ângulos da situação proposta. A estrutura do painel é composta de um orador e quatro painelistas que se apresentam sob a coordenação de um moderador. O painel apresenta um tema com vários subtemas. No painel, pode ocorrer o debate entre os expositores. No Brasil, esse evento permite a participação do público por meio de perguntas após o final da exposição;
- *Palestra*: menos formal que a conferência, caracteriza-se pela apresentação de um tema predeterminado a um grupo pequeno, que já possui noções sobre o assunto. É coordenada por um moderador e permite a intervenção dos participantes durante a exposição;
- *Roda de negócios*: reunião que tem por objetivo aproximar empresas para realizar parcerias e negociar seus produtos e serviços ou concluir uma negociação político-econômica;

- *Roadshow*: consiste na demonstração itinerante, montada sobre um ônibus ou carreta, que se desloca para áreas geoeconômicas de determinado país ou estado, com o objetivo de informar e mostrar o potencial de uma organização, governo ou entidade, por meio da apresentação de fotos, gráficos, livros, protótipos de produtos e vídeo, visando conquistar novos clientes, associados ou parceiros e obter o apoio do público;
- *Salão*: destinado a promover e divulgar produtos e informar sobre eles, com o intuito de criar para os consumidores uma imagem positiva da instituição promotora. Não possui finalidades comerciais imediatas; seu objetivo principal é a promoção institucional;
- *Semana*: reunião de pessoas pertencentes a uma categoria profissional que visam discutir temas de interesse comum. Segue o mesmo esquema do congresso, com palestras, conferências e painéis. É necessária uma comissão organizadora e a produção de anais para distribuir aos participantes;
- *Seminário*: consiste em uma exposição verbal feita para pessoas colocadas no mesmo plano, cujos participantes possuem conhecimento prévio do assunto a ser exposto. Seu propósito é fornecer e somar informações de temas já pesquisados. O evento divide-se em três fases:
  - *exposição*: quando alguém, previamente escalado, realiza uma pesquisa e leva sua contribuição para o grupo;
  - *discussão*: quando o assunto em pauta é debatido e detalhado em todos os seus aspectos;
  - *conclusão*: quando um coordenador, polarizando as opiniões dominantes, propõe as recomendações finais do seminário à aprovação do grupo.
- *Showcasing*: evento lançado recentemente no Brasil, como alternativa para feiras. O *showcasing* insere o conceito de vitrine interativa. Os produtos ou serviços são expostos em vitrines fechadas e os participantes não têm nenhum contato direto com os expositores. A comunicação ocorre por intermédio de telefones instalados nas cabines e conectados diretamente a uma central de informação;
- *Simpósio*: reunião derivada da mesa-redonda que possui como característica apresentar alto nível de qualidade e contar com a participação

de renomados especialistas. A diferença fundamental entre simpósio e mesa-redonda é que, no simpósio, os expositores não debatem entre si o tema apresentado. As perguntas são efetuadas pelo público, que participa ativamente dos trabalhos;

✦ *Videoconferência ou teleconferência*: novo meio de organizar evento por uma linha de satélites e um espaço físico adequado, que permitem a interação entre os participantes. A videoconferência tem como característica principal apresentar um tema de interesse de determinado grupo de pessoas, estando essas pessoas em locais diferentes e distantes.

As vantagens desse tipo de evento são:
– Encurtar distâncias;
– Racionalizar diálogos;
– Reduzir investimentos;
– Acelerar a troca de informações entre pessoas ou empresas.

Embora a videoconferência apresente muitas vantagens, há também alguns pontos negativos a ressaltar, tais como:
– Participação limitada de público;
– Interação relativa entre os participantes, pois não existe a proximidade física entre eles.

✦ *Visita ou open day*: reunião usada pelos meios empresariais para mostrar sistemas, métodos, equipamentos e materiais a determinado segmento de público. Para tanto, a empresa deve observar um planejamento que contemple recepção, demonstração audiovisual, brindes e *releases* de acordo com as características do público a ser recebido;

✦ *Workshop*: grupo de trabalho ou oficina. O *workshop* é uma reunião de especialistas para apresentação de novas técnicas e desenvolvimento de novos temas. Atividade usada nos meios das artes e da dança. Pode fazer parte de um evento de maior amplitude;

✦ *Outros eventos*: inaugurações, *shows*, lançamentos, sorteios, rodeios, leilões, comícios, jantares etc.

Resumo

Neste capítulo, são apresentadas várias conceituações de eventos de suma importância para compreender e entender a amplitude e a abrangência que esses acontecimentos podem assumir. A classificação dos eventos em relação ao público que atingem e à área de interesse identifica algumas características básicas que, agrupadas com outras peculiaridades que apresentam, dão origem aos diversos tipos de evento existentes.

Exercícios

1. Leia atentamente o texto abaixo:
   "Diferentes empresas fabricantes de calçados, localizadas no interior do estado de São Paulo, pretendem se unir para realizar um evento que as divulgue e promova com o objetivo principal de expandir a distribuição e comercialização de seus produtos em âmbito nacional. Tal evento deverá ter uma penetração nacional com um público estimado em mais de 500 pessoas.
   Para tal, a cidade conta com infraestrutura turística (hotéis, restaurantes, entretenimento e outros) e espaços para eventos, com capacidade para atender às necessidades do público participante".
   Com base nesse texto, responda às perguntas a seguir:
   a. Que tipo de evento você indicaria ao cliente promotor?
   b. Justifique sua escolha ao cliente promotor, indicando os motivos pelos quais optou por esse tipo de evento.
   c. Em que época do ano você realizaria o evento?
   d. Qual seria o público potencial, considerando o objetivo principal do evento?

PARTE III
Associações, empresas e/ou indústrias promotoras de eventos e estratégias para o desenvolvimento de eventos

CAPÍTULO 4

A estrutura jurídica das organizações promotoras de eventos

As organizações promotoras de eventos possuem papel fundamental no planejamento da atividade, pois é com base na estrutura jurídica dessas organizações que as características dos eventos são definidas.

De acordo com a estrutura jurídica, as organizações promotoras de eventos podem ser classificadas em associações, indústrias ou empresas.

Segundo o Serviço de Apoio às Micro e Pequenas Empresas – Sebrae/MG, "as associações, em um sentido amplo, são qualquer iniciativa formal ou informal que reúne pessoas físicas ou outras sociedades jurídicas com objetivos comuns, visando superar dificuldades e gerar benefícios para os seus associados".

Com base nesse conceito, pode-se dizer que, formalmente, uma associação é uma forma jurídica de legalizar a união de pessoas em torno de seus interesses e que sua constituição permite a construção de condições maiores e melhores do que as que os indivíduos teriam isoladamente para a realização dos seus objetivos.

Segundo Houaiss (2001), "empresa é uma organização econômica, civil ou comercial, constituída para explorar determinado ramo de negócio e oferecer ao mercado bens e/ou serviços".

Ainda segundo o mesmo autor, "indústria é o conjunto de atividades econômicas que têm por fim a manipulação e exploração de matérias-

-primas e fontes energéticas, bem como a transformação de produtos semiacabados em bens de produção ou de consumo".

Os eventos gerados pelas associações são denominados eventos associativos, já os eventos gerados pelas empresas e/ou indústrias são chamados de eventos corporativos.

Cabe ressaltar aqui alguns aspectos da estrutura jurídica, das associações e das empresas e/ou indústrias promotoras que darão origem às diferentes características nos eventos promovidos por elas e, consequentemente, refletirão no planejamento destes, conforme apresenta-se no Quadro 4.1.

Quadro 4.1 Aspectos diferenciais da estrutura jurídica.

Associação	Empresa
Estrutura jurídica da associação	Organograma e estrutura administrativa
Objetivos fundamentais da associação	Objeto social e tipo de negócio
Número de associados da entidade	Políticas e normas da empresa
Distribuição geográfica dos associados	Distribuição geográfica das sucursais, agentes representantes, distribuidores e outros
Recursos econômicos, materiais, técnicos e humanos não estão disponíveis para a realização do evento	Recursos econômicos, técnicos e humanos disponíveis para a realização do evento
Características econômicas, culturais, sociais e outras dos associados	

Características dos Eventos Associativos e Corporativos

Uma característica que é comum tanto para os eventos associativos como para os eventos corporativos é o seu âmbito de ação, ou seja, eles podem ocorrer em nível local, estadual, regional, nacional e internacional.

Dos eventos associativos

Os eventos associativos geralmente estão ligados a áreas de interesse, como científica, técnica, comercial, profissional e outras.

As características principais desses eventos são:

+ Participação voluntária de seus delegados na maioria dos casos;
+ Número maior de participantes nesses eventos que nos eventos empresariais, porém sem nenhuma garantia de presença;
+ Recursos econômicos iniciais escassos. Geralmente, são financiados por cotas de patrocínio e contribuições diversas registradas como apoio;
+ Reuniões anuais na maioria dos casos.

Dos eventos corporativos

Os eventos corporativos geralmente referem-se às áreas de alta gerência, vendas, acionistas, produção etc. Suas principais características são:

+ Comparecimento obrigatório de seus participantes na maioria das vezes;
+ Número menor de participantes nesses eventos que nos eventos associativos, porém com presença garantida;
+ Evento financiado por recursos econômicos preestabelecidos pela empresa ao começar seu ano fiscal. Não há, portanto, problemas de recursos econômicos para iniciar as ações;
+ Vários eventos realizados pelas empresas no transcorrer do ano nos diversos níveis executivos, conforme planejamento anual da empresa e também em função de necessidades emergentes (planos econômicos, escassez de matéria-prima e outros).

É importante lembrar que existem, ainda, os eventos dos organismos oficiais e políticos que possuem esquema de planejamento e organização semelhantes aos dos eventos mencionados anteriormente. Essas reuniões ocorrem nos níveis municipal, estadual, nacional, continental e intercontinental.

Influências das Características dos Eventos no Processo de Planejamento

Nos eventos associativos

- Por possuir participação voluntária, o sucesso desse tipo de evento depende dos objetivos propostos, do programa, da promoção e, principalmente, do valor da inscrição;
- A incerteza do número de participantes final dificulta as negociações com hotéis, transportadoras e outros prestadores de serviços;
- A elaboração do planejamento requer a máxima atenção e investigação, devendo basear-se em experiências anteriores e com antecipação de resultados;
- O evento pode ser de âmbito local, estadual, regional, nacional e internacional;
- O tempo de organização e os recursos humanos necessários são estimados;
- Os recursos financeiros necessários para o planejamento e organização do evento também são estimados;
- Algumas fontes potenciais que poderão fornecer algum tipo de subsídio para o evento serão levantadas.

Nos eventos corporativos

- A obrigação de participar do evento facilita as negociações com hotéis, transportadoras e prestadoras de serviços;
- A participação limitada que esse tipo de evento apresenta facilita as diversas ações do processo de planejamento;
- Desde o início do processo de planejamento conta com recursos econômicos suficientes para a organização do evento;
- Por suas características, o tempo de organização é relativamente curto, assim como os recursos humanos são escassos.

Resumo

Conhecer a estrutura jurídica das organizações promotoras de eventos possibilita à empresa organizadora de eventos identificar as características que seus eventos podem apresentar, como também as influências que estas podem exercer no processo de planejamento.

Exercícios

1. Por que os eventos promovidos por associações, empresas e/ou indústrias promotoras de eventos possuem características diferenciadas?
2. Na sua opinião, quais são as vantagens apresentadas pelos eventos corporativos em relação aos eventos de associações?

CAPÍTULO
5 O processo de captação de eventos

A captação de eventos pode ser realizada pelo poder público, pela iniciativa privada e pelo CVB, que irão trabalhar juntos somando esforços para conseguir captar o maior número de eventos nacionais e internacionais e, consequentemente, de turistas para as localidades-sedes.

Esse processo é bastante complexo e divide-se em três etapas distintas: preparação da captação, captação e pós-captação.

O processo de captação de eventos, na maioria das vezes, é utilizado pelas associações e pelos organismos oficiais para captar seus eventos em virtude das características que apresentam.

Captação de Eventos Internacionais

Preparação da captação

A equipe de captação do CVB fará um levantamento dos eventos internacionais (congressos, seminários, simpósios e outros) que se realizam pelo mundo, sua periodicidade, histórico de locais que já sediaram e data futura que ainda está em aberto.

Essas informações são coletadas em várias fontes, tais como: ICCA, IACVB, associações de classe e calendários do *trade* turístico (companhias aéreas, centros de convenções, hotéis), entre outras.

A principal fonte utilizada é a ICCA, uma organização que possui membros em quase todos os países, fornecendo a estes, em caráter exclusivo, todas as referências sobre os eventos mundiais.

As fichas da ICCA possuem informes cuidadosos, que são distribuídos, mensalmente, aos seus membros sob a denominação de boletins, cuja reprodução é vedada para a utilização de terceiros.

A ICCA possui representação latino-americana, o Latin American Chapter, que propicia troca de informações e estimula a parte educativa dos organizadores de eventos.

Após a pesquisa, a equipe de captação do CVB fará uma avaliação dos eventos identificados, selecionando os congressos mundiais, internacionais, pan-americanos, latinos e sul-americanos que interessam ser captados.

Para efetuar a seleção dos eventos que serão captados, a equipe do CVB procede da seguinte forma:

- Analisa o histórico do rodízio do evento em termos de cidade, país-sede e datas;
- Verifica as estimativas do número de participantes e acompanhantes, face à infraestrutura da cidade;
- Verifica se a associação é constituída no país e quantos membros possui, se a associação nacional está filiada à entidade internacional e, ainda, se há brasileiros na diretoria da entidade internacional;
- Contata a entidade de classe nacional ou membro nacional associado à entidade internacional;
- Procura motivar a entidade/associação/presidente/membros do Brasil a liderar o processo de captação.

Após realizados esses procedimentos e a entidade nacional manifestar interesse na captação do evento, a equipe de captação do CVB iniciará o processo de preparação da candidatura do seu estado para sediar o evento a ser captado.

Nessa etapa do processo, o CVB oferecerá grande apoio à entidade nacional, fornecendo documentação adequada e orientações fundamentais para viabilizar a captação do evento.

O CVB, em conjunto com a entidade nacional, elaborará um *book*, geralmente em inglês, que deve ser revestido de elevado padrão de qualidade, conter informações precisas e completas, pois se constituirá em um importante instrumento de venda sob o ponto de vista de marketing e fator decisivo no momento de seleção da cidade-sede.

O *book* deverá apresentar os requisitos mínimos exigidos pela entidade mundial/internacional, tais como:

- Cartas de apoio de autoridades. Geralmente, são recomendáveis as seguintes:
    - do governador do estado;
    - do prefeito do município-sede;
    - do Ministério correspondente;
    - do Ministério das Relações Exteriores;
    - das instituições ligadas ao segmento de turismo (MTur, Embratur, Secretaria de Turismo e/ou órgão oficial de turismo etc.);
    - do CVB;
    - de outras entidades de classe que possam apoiar a candidatura;
    - de companhias aéreas;
    - de sociedades científicas nacionais e latino-americanas, pois também fortalecem a candidatura;
- Clareza e objetividade nos dados da cidade no que se refere à infraestrutura turística, como: capacidade hoteleira, centro de convenções, estrutura do aeroporto, infraestrutura de serviços, câmbio, vistos de entrada, transportes aéreo e urbano, entre outros;
- Justificativa do interesse da cidade ou país no evento com propriedade, mostrando a importância científica, o intercâmbio científico ou técnico e o potencial da cidade/país na especialidade em que o evento está classificado;
- Orçamento com previsão de gastos, contendo receitas e despesas, demonstrando a viabilidade econômica do projeto;
- Sugestão do local mais apropriado para a realização do evento (centro de convenções) ou carta do centro de convenções disposto a sediar o evento, apresentando suas instalações, serviços e demais informações, como localização etc.;

- Quadro comparativo das principais categorias de hotéis, seus preços e percentual de descontos a serem conseguidos na ocasião do evento;
- Folheteria sobre a cidade/estado/país. Alguns CVB desenvolvem uma brochura denominada *showcase*, muito útil neste particular;
- Vídeo promocional do estado;
- *Kit* oferecido pelo CVB e entidade nacional contendo catálogo e fotos dos locais disponíveis para sediar o evento.

O *kit* poderá ser enviado antecipadamente a cada membro das demais entidades encarregadas da decisão do próximo país que sediará o evento, com a solicitação do seu voto, ou poderá ser entregue pessoalmente pelo membro da associação que tentará fazer a captação.

Ainda é aconselhável oferecer um *famtur*, viagem de inspeção patrocinada pelo país candidato, para que um membro da associação internacional venha fazer o reconhecimento *in loco*.

Captação

A captação pode ocorrer durante o evento da categoria que antecede àquele que se objetiva captar. Nos casos de eventos mundiais, a antecedência costuma ser de, no mínimo, três anos (há casos de captações ocorrerem até dez anos antes). Nos eventos pan-americanos e latino-americanos, a antecedência é menor.

Em alguns casos, um componente da equipe de captação do CVB acompanha a pessoa encarregada da captação para auxiliá-la e dar-lhe suporte de argumentação, pois ele é um dos maiores interessados em que seu estado seja a sede do evento internacional.

Os veículos de comunicação utilizados nessa apresentação são:

- *Folders*;
- Vídeo;
- Revista especializada (*showcase*);
- Microcomputador (CD-Rom);
- Outros.

Essa apresentação geralmente exige muito empenho e esforço dos envolvidos na captação porque representa um investimento que reverterá em benefício para a cidade-sede/estado.

No caso de perda de data para a qual o Brasil esteja se candidatando, recomenda-se que sua candidatura seja mantida para a próxima data em aberto.

Pós-captação

Após a captação do evento, o CVB e a entidade nacional informam a todos os prestadores de serviços que manifestaram seu interesse em apoiar o evento sobre o êxito na missão. A partir desse momento, tem início o processo de organização do evento.

Primeiramente, a entidade promotora irá selecionar e contratar uma empresa organizadora de eventos, que ficará responsável pela organização e operacionalização do evento.

Captação de Eventos Nacionais

A captação de eventos nacionais acontece nos mesmos moldes que a dos eventos internacionais, apresentando diferenças em algumas de suas etapas.

Preparação da captação

Na preparação da captação, além da pesquisa nas diversas fontes, como companhias aéreas, Associação Brasileira de Centros de Convenções, Exposições e Feiras (Abraccef), calendários de eventos de órgãos oficiais de turismo do estado, as associações e os organismos oficiais procuram o CVB, solicitando ajuda e orientações para apresentar a candidatura do seu estado. Assim como no caso internacional, o CVB oferece todo o apoio técnico necessário, inclusive para a confecção do *book* e do *kit*.

Captação

A captação dos eventos nacionais ocorre exatamente do mesmo modo que nos eventos internacionais, como foi apresentado anteriormente, mas diferencia-se no que se refere aos veículos de comunicação utilizados durante a apresentação.

As mídias são as mesmas, só que a utilização de outros veículos também é muito frequente na captação de eventos nacionais. Quando esses veículos são combinados, podem causar grande efeito nas apresentações de candidaturas. Outros veículos são coquetéis, jantares, espetáculos artísticos e culturais, distribuição de souvenires etc.

Pós-captação

A pós-captação desencadeia o processo de organização do evento, que ocorre de forma semelhante ao processo dos eventos internacionais.

Resumo

Neste capítulo, foram mostrados todos os passos e providências necessários para realizar a captação de eventos internacionais e nacionais, ou seja, suas etapas: preparação da captação, captação e pós-captação.

Exercícios

1. Por que a captação de eventos é importante para uma localidade?
2. Quais requisitos mínimos uma localidade deve apresentar para captar um evento?
3. Que resoluções devem ser tomadas pela organização promotora do evento após a sua captação?
4. O processo de captação de evento nacional é semelhante ao processo de captação internacional, mas apresenta algumas diferenças. Cite quais são.

CAPÍTULO 6

A contratação da empresa organizadora de eventos

A maioria dos eventos realizados atualmente exige a contratação de uma empresa organizadora de eventos para agilizar o processo de planejamento. Nenhuma associação, empresa e/ou indústria promotora pode prescindir da contratação de uma empresa para cuidar de todos os procedimentos referentes à organização do evento. Isso faz com que se tenha maior segurança de que tudo ocorrerá satisfatoriamente.

Processo de Concorrência

A associação, empresa e/ou indústria promotora do evento inicialmente deverá realizar processo de concorrência para a seleção da empresa organizadora. As fases do processo de concorrência são:

+ envio de carta-convite às empresas organizadoras de eventos;
+ recebimento das propostas;
+ análise das propostas;
+ avaliação e seleção das empresas organizadoras de eventos;
+ deliberação sobre o contrato.

É importante que alguns critérios de análise sejam estabelecidos pelas associações, empresas e/ou indústrias promotoras para orientar a escolha, possibilitando, assim, identificar aquela que melhor se ajusta às características do evento.

Alguns aspectos que devem ser considerados pelas associações, empresas e/ou indústrias promotoras ao selecionar a empresa organizadora são:

- conceito e/ou idoneidade;
- estrutura administrativa e espaço físico;
- situação econômica;
- recursos humanos;
- recursos técnicos;
- tradição no mercado;
- área de atuação;
- recursos auxiliares.

Para viabilizar a participação das empresas organizadoras no processo de concorrência, a associação, empresa e/ou indústria promotora deverá disponibilizar um *briefing* do evento, ou seja, um conjunto de informações e instruções sobre os aspectos mais relevantes do evento a ser organizado.

Processo de Licitação

A licitação é obrigatória para toda a administração pública (federal, estadual e municipal), excetuando os casos previstos na legislação própria para a aquisição de produtos ou serviços.

Segundo o art. 22 da Lei n. 8.666/1993, que institui normas para licitações e contratos da administração pública e dá outras providências, as modalidades de licitação são:

- *Concorrência*: é a modalidade de licitação entre quaisquer interessados que, na fase inicial de habilitação preliminar, comprovem possuir os requisitos mínimos de qualificação exigidos no edital para execução de seu objeto;

+ *Tomada de preços*: é a modalidade de licitação entre interessados devidamente cadastrados ou que atenderem a todas as condições exigidas para cadastramento até o terceiro dia anterior à data do recebimento das propostas, observada a necessária qualificação;
+ *Convite*: é a modalidade de licitação entre interessados do ramo pertinente ao seu objeto, cadastrados ou não, escolhidos e convidados em número mínimo de três pela unidade administrativa, a qual afixará, em local apropriado, cópia do instrumento convocatório e o estenderá aos demais cadastrados na correspondente especialidade que manifestarem seu interesse com antecedência de até 24 horas da apresentação das propostas;
+ *Concurso*: é a modalidade de licitação entre quaisquer interessados para escolha de trabalho técnico, científico ou artístico, mediante a instituição de prêmios ou remuneração aos vencedores, conforme critérios constantes de edital publicado na imprensa oficial com antecedência mínima de 45 dias;
+ *Leilão*: é a modalidade de licitação entre quaisquer interessados para a venda de bens móveis inservíveis para a administração ou de produtos legalmente apreendidos ou penhorados ou para a alienação de bens imóveis prevista no art. 19, a quem oferecer o maior lance, igual ou superior ao valor da avaliação.

As fases do processo de licitação são:

+ Publicação de edital de convocação;
+ Recebimento das propostas;
+ Análise das propostas;
+ Avaliação e seleção da empresa organizadora de evento;
+ Deliberação sobre o contrato.

As informações e as instruções que orientam e possibilitam a participação da empresa organizadora de eventos no processo de licitação são disponibilizadas no edital de convocação e também no termo de referência.

O termo de referência é um documento que demonstra de forma detalhada como a empresa deve apresentar sua proposta de participação no processo de licitação.

Para participar de tal processo, as empresas organizadoras de eventos devem estar habilitadas, isto é, apresentar a seguinte documentação para serem aceitas no processo:

- Habilitação jurídica:
  - cédula de identidade;
  - registro comercial, no caso de empresa individual;
  - ato constitutivo, estatuto ou contrato social em vigor, devidamente registrado, em se tratando de sociedades comerciais, e, no caso de sociedades por ações, acompanhado de documentos de eleição de seus administradores;
  - inscrição do ato constitutivo, no caso de sociedades civis, acompanhada de prova de diretoria em exercício;
  - decreto de autorização, em se tratando de empresa ou sociedade estrangeira em funcionamento no país, e ato de registro ou autorização para funcionamento expedido pelo órgão competente quando a atividade assim o exigir.
- Qualificação técnica:
  - capacitação técnico-profissional: comprovação do licitante de possuir em seu quadro permanente, na data prevista para entrega da proposta, profissional de nível superior ou outro devidamente reconhecido pela entidade competente, detentor de atestado de responsabilidade técnica por execução de obra ou serviço de características semelhantes, limitadas estas exclusivamente às parcelas de maior relevância e valor significativo do objeto da licitação, vedadas as exigências de quantidades mínimas ou prazos máximos.
- Qualificação econômico-financeira:
  - balanço patrimonial e demonstrações contábeis do último exercício social, já exigíveis e apresentados na forma da lei, que comprovem a boa situação financeira da empresa, vedada a sua substituição por balancetes ou balanços provisórios, podendo ser atualizados por índices oficiais quando encerrado há mais de três meses da data de apresentação da proposta;
  - certidão negativa de falência ou concordata expedida pelo distribuidor da sede da pessoa jurídica, ou de execução patrimonial, expedida no domicílio da pessoa física;

- demonstração da capacidade financeira do licitante com vistas aos compromissos que deverá assumir caso lhe seja adjudicado o contrato, vedada a exigência de valores mínimos de faturamento anterior, índices de rentabilidade ou lucratividade;
- a administração, nas compras para entrega futura e na execução de obras e serviços, poderá estabelecer, no instrumento convocatório da licitação, a exigência de capital mínimo ou de patrimônio líquido mínimo ou ainda as garantias previstas no § 1º do art. 56 da Lei de Licitação, como dado objetivo de comprovação da qualificação econômico-financeira dos licitantes e para efeito de garantia ao adimplemento do contrato a ser ulteriormente celebrado;
- capital mínimo ou o valor do patrimônio líquido a que se refere o parágrafo anterior não poderá exceder a 10% do valor estimado da contratação, devendo a comprovação ser feita relativamente à data da apresentação da proposta, na forma da lei, admitida a atualização para esta data através de índices oficiais;
- poderá ser exigida, ainda, a relação dos compromissos assumidos pelo licitante que importem diminuição da capacidade operativa ou absorção de disponibilidade financeira, calculada esta em função do patrimônio líquido atualizado e sua capacidade de rotação;
- a comprovação de boa situação financeira da empresa será feita de forma objetiva, através do cálculo de índices contábeis previstos no edital e devidamente justificados no processo administrativo da licitação que tenha dado início ao certame licitatório, vedada a exigência de índices e valores não usualmente adotados para correta avaliação de situação financeira suficiente ao cumprimento das obrigações decorrentes da licitação.
✦ Regularidade fiscal:
  - prova de inscrição no Cadastro de Pessoas Físicas (CPF) ou no Cadastro Nacional de Pessoa Jurídica (CNPJ);
  - prova de inscrição no cadastro de contribuintes estadual ou municipal, se houver, relativo ao domicílio ou sede do licitante pertinente ao seu ramo de atividade e compatível com o objeto contratual;
  - prova de regularidade para com a Fazenda Federal, Estadual e Municipal do domicílio ou sede do licitante, ou outra equivalente, na forma da lei;

– prova de regularidade relativa à Seguridade Social e ao Fundo de Garantia por Tempo de Serviço (FGTS), demonstrando situação regular no cumprimento dos encargos sociais instituídos por lei.

Tipos de Contrato

Geralmente, quando se recorre a uma empresa organizadora de eventos, é necessário firmar um contrato de prestação de serviços entre as partes.

Os contratos de prestação de serviços normalmente apresentam os seguintes itens:

- Indicação e descrição do contratado e do contratante;
- Objeto do contrato;
- Identificação dos objetivos do evento;
- Direitos e deveres do contratado e do contratante;
- Indicação do valor do contrato e formas de pagamento;
- Prazo de execução do serviço;
- Multa para o contratante e/ou contratado que deixar de cumprir qualquer cláusula contratual;
- Local, data, assinatura e testemunhas;
- Identificação da metodologia do trabalho;
- Considerações gerais, ou seja, soluções para os casos não previstos no contrato.

Os principais tipos de contrato são de administração e empreitada. Na prática, contudo, esses dois tipos de contrato acabam se entrelaçando, dando origem a um outro, conhecido por contrato misto.

Contrato de administração

Esse tipo de contrato refere-se somente a serviços profissionais, não englobando itens sobre quantidade e preços de recursos físicos e de terceiros para a execução do evento.

As principais características desse tipo de contrato são:

- A empresa organizadora será remunerada com base em um percentual sobre a despesa total da reunião;
- A associação, empresa e/ou indústria custeará todas as despesas referentes à organização do evento;
- A empresa organizadora elaborará previsão orçamentária com valor informativo somente, pois esta não terá nenhuma interferência e/ou responsabilidade sobre qualquer dos itens, como quantidade e custo unitário dos materiais e da mão de obra. Nesse caso, portanto, a previsão orçamentária apresentada por outras empresas organizadoras não serve para estabelecer concorrência, pois a apresentação de valor inferior nada representará.

Contrato de empreitada

Nesse tipo de contrato, a empresa organizadora se responsabiliza totalmente pela organização do evento, por um preço previamente determinado. O preço do contrato só poderá ser alterado caso haja modificação no serviço a ser executado e com a concordância de ambas as partes.

No contrato de empreitada, o item projeto é de suma importância, pois é nele que se detalha o plano de trabalho. Já no contrato de administração, o plano de trabalho é anexado apenas para complementá-lo.

O plano de trabalho deve descrever detalhadamente todos os itens do projeto, com os seus respectivos custos, inclusive aqueles que possam parecer menos importantes.

Esse grau de detalhamento é necessário, pois ajudará tanto as associações, empresas e/ou indústrias promotoras que não possuem conhecimentos suficientes sobre o assunto, como aquelas que já conhecem muito bem a matéria.

Contrato por incentivo

O contrato por incentivo é aquele em que a execução das atividades está atrelada a uma remuneração preestabelecida. Isto é, as empresas organizadoras recebem determinada remuneração conforme vão executando certas atividades do processo.

Contrato de percentual sobre patrocínios

O contrato de percentual sobre patrocínios é aquele em que as empresas organizadoras recebem sua remuneração estabelecida sobre o percentual total ou parcial dos patrocínios conseguidos para o evento. Esse percentual pode ser estabelecido sobre os patrocínios conseguidos pelas associações, empresas e/ou indústrias promotoras, como também somente por aqueles efetivados pela empresa organizadora.

Contrato misto

O contrato misto é aquele em que o valor total a ser cobrado pode ser a combinação dos tipos de contratos de administração e empreitada com qualquer outra forma de remuneração a ser cobrada.

As situações mais frequentes de contrato misto acontecem quando a empresa organizadora se compromete a executar os serviços da seguinte forma:

+ Por preço fixo (contrato de empreitada);
+ Por percentual (contrato de administração);
+ Outros tipos (percentual sobre patrocínios, por incentivo etc.).

1. Contrato misto por preço fixo: Esta forma de contrato é aplicável na combinação do contrato de empreitada, com outra forma de remuneração que será cobrada.
2. Contrato misto por percentual: Esta forma de contrato é aplicável na combinação do contrato de administração com outra forma de remuneração que será cobrada.

De modo geral, considerando as características de cada tipo de contrato, é aconselhável:

+ O contrato de administração, se a empresa organizadora preencher todos os pré-requisitos técnicos necessários e, principalmente, se o projeto estiver indefinido e os fatores qualidade e prazo forem primordiais;
+ O contrato de empreitada, se o projeto estiver bem elaborado e apresentar orçamento bem definido.

Administração de Contratos

Após a assinatura do contrato, as associações, empresas e/ou indústrias promotoras acreditam que a empresa organizadora executará os serviços conforme foi estabelecido, mas, na prática, nem sempre isso acontece. Portanto, a administração de contratos é fundamental no processo de organização de eventos, devendo pautar-se nas seguintes atividades:

- Reuniões de início do processo, de acompanhamento e de encerramento;
- Controle e avaliação dos serviços executados;
- Acompanhamento dos prazos estabelecidos;
- Controle de qualidade;
- Serviços extras;
- Documentação etc.

Para o gerenciamento das atividades citadas, é necessário que sejam estabelecidos alguns instrumentos de apoio, como:

- Plano de contrato em que estejam especificadas detalhadamente todas as rotinas pertinentes a este;
- Relatório sobre a situação da programação do contrato, em termos de execução dos serviços e prazos;
- Relatório sobre a situação financeira do contrato, contas a pagar e receitas;
- Relatório sobre a previsão de entrada de recursos;
- Relatório sobre a alteração das atividades de contrato;
- Identificação de não cumprimento de itens contratuais, com aplicação das respectivas multas.

Resumo

A contratação da empresa organizadora de eventos é um procedimento que, atualmente, nenhuma associação, empresa e/ou indústria promotora pode prescindir. O processo de contratação inicia-se com a abertura de concorrência, em que vários aspectos são considerados e analisados, o que resulta na assinatura do contrato.

Já a contratação da empresa organizadora de evento, por parte de órgãos públicos, é realizada por meio da abertura de processo de licitação.

Os tipos de contrato mais usuais são contrato de administração, contrato de empreitada e contrato misto. É comum as empresas organizadoras acharem que, após a assinatura do contrato, tudo o que está especificado será cumprido, porém, nem sempre isso ocorre. Para solucionar esse tipo de situação, é aconselhável que alguns mecanismos de controle sejam adotados para administrar esses contratos.

Exercícios

1. Quais atividades podem ser desenvolvidas na administração de contratos?
2. Quais instrumentos podem servir de apoio no gerenciamento das atividades citadas anteriormente?

PARTE IV
Aspectos teóricos e práticos do planejamento e organização de eventos

CAPÍTULO 7

Planejamento e organização de eventos

As fases do processo de planejamento e organização de eventos são:

- Concepção: incorporação da ideia;
- Pré-evento: planejamento e organização;
- Per ou Transevento: realização;
- Pós-evento: avaliação e encerramento.

Concepção

Antes de organizar um evento, é importante que a ideia seja incorporada por alguns empreendedores, que começarão a lhe dar forma mediante o levantamento do maior número possível de elementos, tais como:

- Reconhecimento das necessidades desse evento;
- Elaboração de alternativas para suprir as suas necessidades;
- Identificação dos objetivos específicos;
- Coleta de informações sobre os participantes, patrocinadores, entidades e outras instituições em potencial;
- Listagem dos resultados desejados;

- Estimativas de exequibilidade econômica e técnica;
- Estimativas de tempo e recursos necessários;
- Estabelecimento de diretrizes;
- Elaboração dos contornos do projeto.

Pré-evento

O planejamento, a exemplo de qualquer atividade humana, é a peça fundamental em um processo de organização de evento. É o primeiro esforço organizacional que engloba todas as etapas de preparação e desenvolvimento do evento. É a fase decisiva do evento, na qual estão inseridos a coordenação executiva e os controles financeiro, técnico-administrativo e social do evento.

Nessa fase, são definidas e realizadas atividades, como:

- Serviços iniciais;
- Serviços de secretaria;
- Detalhamento do projeto;
- Outras.

Serviços iniciais

São as providências imediatas após a decisão de realizar o evento:

- Identificação de órgãos governamentais, entidades e empresas com interesses voltados à execução do evento para fornecer patrocínio, subvenções, doações e outros;
- Levantamento de nomes e confirmação de convidados, conferencistas, autoridades e outros;
- Definição de responsabilidades de todos os profissionais e prestadores de serviços envolvidos nas fases do pré-evento, per ou transevento e pós-evento;
- Abertura de conta bancária especial para o evento (receita e despesa) sob inteira responsabilidade da empresa organizadora.

Serviços de secretaria

A secretaria do pré-evento é a responsável por executar antecipadamente alguns serviços e atividades para compor a estrutura administrativa e institucional do evento.

As principais atividades desenvolvidas são:

+ Preparação da correspondência preliminar;
+ Expedição da correspondência preliminar para as entidades governamentais, empresas e pessoas que possam colaborar de alguma forma com o evento;
+ Tomada de preço e confecção de material administrativo (papel de carta, envelopes, impressos em geral e outros) necessários ao evento;
+ Controle e arquivo da correspondência recebida e expedida;
+ Remessa de circulares e cartas informativas para os participantes potenciais e outros;
+ Recebimento, controle e classificação (sob supervisão da comissão técnica) dos trabalhos a serem apresentados, enviados pelos participantes e convidados;
+ Recebimento, controle e confirmação das inscrições e adesões (participantes e convidados);
+ Obtenção dos cadastros de pessoas que poderão se inscrever como participantes (*mailing list*);
+ Criação e execução do fluxograma de informações;
+ Identificação, seleção e contratação de prestadores de serviços necessários para a organização do evento. É aconselhável utilizar serviços de empresas especializadas.

Detalhamento do projeto

A elaboração do pré-projeto para a organização do evento é o passo inicial, porque apresenta, em linhas gerais, a ideia do que se pretende realizar. Mas, para a concretização dessa ideia, é necessário que esse pré-projeto seja detalhado, transformando-se no projeto do evento.

Os principais itens que devem ser enfocados nesse projeto e que compõem a estrutura organizacional de um evento são:

- Definição do produto;
- Escolha do local;
- Definição da data;
- Elaboração de temário e calendário;
- Identificação e análise dos participantes;
- Estratégia de comunicação e marketing;
- Infraestrutura de recursos audiovisuais, materiais e serviços;
- Serviço de transporte para participantes e convidados;
- Hospedagem dos participantes e convidados;
- Programação social, cultural e turística;
- Agência de viagem e turismo;
- Recursos financeiros;
- Cronograma básico.

Cabe ressaltar que, dependendo do tipo do evento e de sua abrangência, cada um desses itens pode apresentar grau de relevância diferenciado, ou seja, maior ou menor grau de detalhamento.

Definição do produto

É a etapa do evento em que são contemplados seus objetivos, tipologia, público a ser atingido e justificativa da realização, isto é, necessidades que o evento estará atendendo ao se concretizar.

Escolha do local

A correta escolha do local para a realização de um evento é ponto fundamental na soma de probabilidades de sucesso. Sua adequação aos objetivos e ao porte do evento é imprescindível.

O local não envolve apenas o espaço físico onde o evento acontecerá, mas também a própria localização geográfica em que se encontra, ou seja, o estado da Federação e a cidade-sede. Com relação à área geográfica, vários aspectos devem ser analisados:

- Facilidades de acesso (aéreo, terrestre e hidroviário);
- Condições turísticas;
- Infraestrutura de hospedagem e alimentação;
- Concentração de público-alvo;
- Preços dos serviços turísticos que serão utilizados;
- Existência ou interesse de patrocinadores potenciais.

Com relação ao espaço físico que sediará o evento, devem ser observados alguns aspectos, como:

- Capacidade para acomodar a totalidade de participantes e com infraestrutura adequada, inclusive com acesso para deficientes físicos;
- Espaço para expositores;
- Possibilidade efetiva para instalar e operar serviços de tradução simultânea e audiovisuais;
- Imagem do local e sua consequência sobre a própria imagem do evento;
- Espaços disponíveis para a realização de eventos paralelos;
- Facilidade de acesso entre o local do evento e os hotéis, os aeroportos e as rodoviárias;
- Área de estacionamento compatível com a capacidade do local;
- Boas condições de funcionamento de água, luz, telefone e recolhimento de lixo;
- Condições e dimensionamento do local de vendas de ingressos, sanitários e área de alimentação.

Definição de data

A fixação de data está estreitamente ligada às possibilidades de sucesso do evento. Uma data mal escolhida pode acarretar inúmeros problemas ao promotor e ao organizador.

Diversos cuidados devem ser tomados, tendo em vista o calendário promocional e a área geográfica a ser atingida, tais como:

- Não coincidir com eventos cívicos ou religiosos, locais, regionais ou nacionais;

- Não coincidir com outros eventos similares em data próxima;
- Não coincidir com outros eventos de grande porte que comprometam a infraestrutura de hospedagem, alimentação e transporte.

Definição de tema e elaboração de calendário

O tema central é a ideia que norteará o desenvolvimento do temário. A sua escolha geralmente é feita por meio de pesquisa em entidades de classe e/ou empresas ligadas à organização do evento.

É importante que a associação, empresa e/ou indústria promotora do evento verifique se o tema proposto é atual e de interesse do público-alvo, porque este funciona como motivador para a participação no evento.

Temário

Entende-se por temário a fixação antecipada dos assuntos a serem abordados durante o evento.

Todo temário deve apresentar um tema central, que servirá de linha mestra para o seu desenvolvimento.

Três características básicas devem ser observadas:

- *Clareza*: a linguagem usada não deve permitir dúvidas de interpretação e deve estar perfeitamente adequada ao público a que se destina. Todos os que tomarem conhecimento do temário devem interpretá-lo de forma única;
- *Antecedência*: os participantes potenciais devem ter conhecimento dos temas com a maior antecedência possível, uma vez que isso gera interesse de participação e inscrição;
- *Atualidade*: as discussões devem girar em torno dos acontecimentos mais recentes que envolvam o tema escolhido e se manter fiéis aos objetivos estabelecidos.

Calendário

O calendário é constituído pela distribuição das atividades do evento em datas e horários. Nele constarão as atividades técnicas e científicas, como também as sociais, culturais e turísticas.

A partir da elaboração do calendário, tem-se o chamado "programa geral" do evento.

Identificação e análise dos participantes

Por identificação entende-se a detecção da natureza e das peculiaridades do público-alvo ou participantes potenciais, ou seja, saber quem é, o que faz, onde vive e outras.

A análise, por sua vez, disseca as características dos participantes, aprofundando-se no sentido de descobrir suas principais causas de motivação e resistência.

De modo geral, o público pode ser classificado nos seguintes segmentos:

- Participantes (reais e potenciais);
- Expositores (reais e potenciais);
- Convidados especiais;
- Autoridades;
- Veículos de comunicação;
- Fornecedores;
- Público em geral.

Tendo por base a análise do público-alvo, será estabelecida a estratégia de comunicação para o evento; daí a grande importância de uma identificação e análise corretas.

Estratégia de comunicação e marketing

A estratégia de comunicação consiste na definição e na adequação dos meios e mensagens a serem utilizados, na busca de informar, sensibilizar e motivar o público-alvo.

Para segmento de público deve ser estudada, analisada e elaborada uma estratégia de comunicação específica, com meios, veículos e mensagens adequadas às suas características.

A mensagem pode ser informativa, motivacional ou ambas, desde que esteja diretamente ligada aos objetivos do evento, seja concebida com a mesma diretriz e utilize a linguagem correta.

Os meios de comunicação são os condutores das mensagens ao público pretendido, portanto, cada tipo de público exigirá meios de comunicação adequados ao seu perfil.

Meios de comunicação

- *Jornais, revistas, rádios e TV*: para tais meios, destinam-se dois mecanismos: a assessoria de imprensa e a inserção de anúncios. A assessoria de imprensa enviará sugestões de pauta, *press releases* e agendará entrevistas coletivas sempre que necessário. Tais matérias, quando aceitas pelos editores e jornalistas, serão divulgadas gratuitamente nos veículos. Os anúncios ou a matéria paga serão inseridos quando os objetivos do evento e a definição de público o exigirem e houver disponibilidade financeira;
- *Cartazes*: esse recurso é uma das formas mais usadas na divulgação de eventos. Deve ter linguagem clara e objetiva, mensagem rápida e direta, além de visual atraente e criativo. O cartaz busca despertar a atenção daqueles que passam por ele, normalmente, de maneira rápida;
- *Folhetos*: divulgam apenas as mensagens básicas e, na maioria das vezes, são entregues aos potencialmente interessados de forma direta;
- *Mala direta*: é como se costuma chamar a remessa, via correio, de folhetos, *folders* ou circulares a um público especialmente selecionado para esse fim (*mailing list*). Trata-se de uma forma de comunicação muito dirigida;
- *Diálogo*: usado para programa de visitas ou em telemarketing.[1] Para tanto, deve ser criado um diálogo padrão que possibilite a transmissão de mensagens claras e objetivas e uma fácil avaliação das respostas;
- *Painéis, outdoors e* backlights: são de grande importância pela sua abrangência coletiva, principalmente quando o público-alvo é a comunidade como um todo ou uma fatia muito significativa dela;
- *Press release*: instrumento de comunicação dirigido exclusivamente para a imprensa escrita e eletrônica, no intuito de despertar o interesse dos jornalistas em divulgar matérias sobre o evento.

---

[1] Telemarketing: para esse tipo de comunicação, deve-se observar a legislação do estado onde o evento irá acontecer, pois alguns estados brasileiros, como São Paulo, possuem legislação que normatiza a prática desse serviço.

- *Internet*: canal de informações do final da década de 1990, a internet também deve ser utilizada como mecanismo de informação por meio de:
  - home page: criar uma home page do evento pode ser muito útil não só para fornecer mais detalhes sobre o evento, como também para proceder inscrições e reservas;
  - e-mail marketing: trata-se de ferramenta muito importante para o organizador de eventos na geração de tráfego de informações, principalmente no relacionamento com os participantes (reais e potenciais);
  - redes sociais: estrutura social virtual composta por pessoas ou organizações conectadas por vários tipos de relações, que compartilham valores e objetivos comuns. As redes sociais têm adquirido importância crescente na sociedade moderna pela sua horizontalidade e descentralização. Dividem-se em redes de relacionamento (Facebook, Orkut, MySpace, Twitter) e redes profissionais (LinkedIn) dentre outras.
- *Bus-doors*: painéis colocados na parte traseira dos ônibus.

Mídias alternativas

- *Parajet*: utiliza-se de um pára-pente motorizado, que levará atrás uma faixa contendo o nome do evento, sua data, enfim, um mínimo de informações em função do tamanho. Esse tipo de mídia geralmente é utilizado para atingir pessoas próximas à orla marítima;
- *Dirigível*: serve para consolidar a marca do evento, pois não permite maiores dados;
- *Rede de TV interna e/ou alto-falantes*: esses tipos de mídia, cada vez mais presentes em condomínios, clubes e aeroportos, também podem ser uma excelente alternativa na divulgação de eventos;
- *Bike-door*: mesmo sistema utilizado no *bus-door*, só que também pode ser colocado na parte frontal;
- *Man-door*: trabalho de divulgação de uma pessoa que se veste com um grande cartaz ou carrega balões ou faixas.

Cabe salientar que uma estratégia de comunicação bem estruturada deverá contar com a utilização de diversos veículos de comunicação, de forma planejada, simultânea e sucessiva.

Infraestrutura de recursos audiovisuais, materiais e serviços

Recursos audiovisuais

O planejamento dos recursos audiovisuais consiste em identificar e analisar as características do evento e as necessidades dos participantes e oradores, estabelecendo, em função dessas análises, os equipamentos que serão necessários.

Os recursos audiovisuais, em geral, são: serviços de som, projetores diversos e telas de projeção, serviço de iluminação, sistema de tradução simultânea, vídeo e televisão, computador, mapas, modelos, maquete, quadros-negros e brancos com pincéis e giz, painéis indicativos e informativos.

Recursos materiais

Por recursos materiais entende-se toda a gama de produtos necessários nas etapas de operacionalização do evento:

- Material de expediente: papel, circulares, envelopes, canetas, lápis e todo material de secretaria que se possa necessitar;
- Material de participante: compreende tudo o que vier a ser distribuído aos participantes, como pasta, brinde, crachá, ticket de refeição, bloco de anotação e outros;
- Equipamentos: telefone, fax, xerox, microcomputador, calculadora e outros.

Recomenda-se que os materiais de expediente e do participante mantenham uma unidade visual entre si e com o material de divulgação, ou seja, em tudo devem ser aplicadas a marca e as cores do evento, auxiliando, assim, o processo de fixação da sua imagem.

Serviços

A contratação dos serviços profissionais para um evento deve ser realizada após uma criteriosa seleção, isto é, com apresentação de referências pessoais e profissionais, documento de identificação, endereço e telefone comprovados. Tudo o que for acordado deve ser assegurado mediante um contrato de prestação de serviços específico para esse fim.

Os principais tipos de serviço que podem ser utilizados na realização de um evento são: de criação e arte (criação, *layout*, arte-final, fotolito), gráficos, fotografias, decoração, *buffet*, digitação, elétricos, sonorização e iluminação, tradução e interpretação, segurança, transporte (carro e motorista), imprensa, montagem e instalações, sinalização, transitário, seguro etc.

Seguem-se as características principais de alguns serviços que podem servir de orientação e/ou justificar a sua necessidade para o evento:

1. Serviço de decoração
   - Arranjos ornamentais: para serem utilizados na frente da mesa central do plenário, sobre a mesa do plenário e das comissões e nas dependências internas;
   - Painel: com o logotipo e o nome do evento e/ou do promotor para ser colocado no fundo do palco, atrás da mesa central ou nas laterais;
   - Painel: dos patrocinadores e dos colaboradores do evento para ser colocado nas laterais do palco ou distribuídos pelo plenário;
   - Mastros: para hasteamento e/ou colocação de bandeiras dos diversos estados ou países participantes do evento.
2. Serviço de tradução e interpretação

    Serviço especializado que pratica a interpretação não só do texto, mas também do "espírito" daquilo que precisa ser traduzido em um ou mais idiomas. A execução desse serviço envolve:
   - contratação de pessoal técnico e especializado;
   - coordenação para acesso em tempo hábil, terminologia e demais características do assunto em pauta;
   - contratação de instalação do equipamento de escuta e transmissão de tradução simultânea e sonorização ambiental conjugada.
3. Serviço de imprensa

    Necessário não só para a cobertura jornalística e para a distribuição de material informativo, mas também para assessoria e informações aos jornalistas.

    Para a prestação desse tipo de serviço, faz-se necessária a contratação de uma equipe de profissionais que desenvolva as seguintes atividades:

- marcar entrevistas e fazer reportagens sobre o evento (temário em discussão, convidados especiais, participantes de destaque, aspectos da comissão organizadora e seus trabalhos);
- preparar e distribuir o noticiário aos veículos de comunicação;
- atender e assessorar a imprensa escrita e eletrônica.

4. Serviço de segurança e vigilância

Para desempenhar esse tipo de serviço, é aconselhável contratar pessoal treinado e preparado a fim de assegurar o bem-estar das pessoas. Portanto, são imprescindíveis:
- contratação de empresa e/ou equipe especializada e uniformizada adequadamente;
- treinamento e preparação dos profissionais de acordo com o tipo do evento;
- supervisão das equipes por profissionais gabaritados.

5. Serviço de montagens e instalações

Esse tipo de serviço refere-se a montagens de instalações nos hotéis, terminais receptivos e outros locais.

Geralmente, os principais tipos de montagem e instalação são:
- montagens ou instalações de balcões ou *box* de informações no aeroporto, nos hotéis e outros;
- preparação e adequação de todas as dependências que serão utilizadas para o evento;
- montagens e instalações especiais para outros serviços, tais como: sala de imprensa, agência postal, telefones, fax, administração, segurança, limpeza, serviço médico, trabalho das comissões, serviços de copa, bar, *coffee break*, área social para descanso.

6. Serviços de sinalização

Esse serviço abrange tanto a sinalização externa como a sinalização interna.

A sinalização interna refere-se ao local do evento e demais lugares envolvidos na sua realização, como terminais receptivos, hotéis, restaurantes e outros. Já a sinalização externa abrange as ruas adjacentes ao local do evento, as imediações dos hotéis e suas principais vias de acesso.

Os tipos de sinalização mais utilizados são placas e faixas indicativas, painéis e placas de orientação, *banners* e outros.

7. Serviço transitário

   Esse tipo de serviço consiste na prestação de serviços logísticos relacionados com a importação temporária e definitiva de bens de qualquer natureza, como equipamentos e obras de arte destinados a feiras e exposições comerciais e industriais, eventos desportivos, espetáculos teatrais, musicais, circenses, *shows* e outros, no Brasil e no exterior. Esse tipo de serviço torna o envio de mercadorias pelo mundo uma tarefa eficiente e sem complicações, isto é, entrega o produto certo, no local certo, na hora certa, sem atrasos e sem danos.

8. Serviço de seguro

   Atualmente, as empresas especializadas em prestar serviços de seguros criaram tipos de seguros específicos para atender a atividade eventos, para dar maior tranquilidade para as associações, empresas e/ou indústrias promotoras de eventos e empresas organizadoras de eventos, caso ocorra algum tipo de imprevisto durante sua realização.

   Os principais tipos de seguros oferecidos para eventos são:
   - Seguro de acidentes pessoais: no caso de morte, invalidez acidental para o *staff* e/ou dos espectadores do evento;
   - Seguro de riscos diversos;
   - Seguro de responsabilidade civil em eventos: garante danos materiais e pessoais causados a terceiros e visitantes;
   - Seguro de RD empresário de *Show* artístico;
   - Seguro de responsabilidade civil de eventos artísticos e esportivos;
   - Seguro "*No Show*": garante os prejuízos, caso o evento venha a ser cancelado, interrompido e/ou adiado;
   - Seguro RD: destinado a proteção de equipamentos de diversos tipos e portes, que garante uma indenização, em casos de acidentes ou roubo/furto qualificado;
   - Seguro de cancelamento, interrupção e adiamento de eventos: destinado a não realização do evento decorrente de: morte, incapacidade, invalidez artística, impossibilidade de utilização do local, incêndio, explosão, desabamento, greve, tumulto e outros. Esse tipo de seguro cobre tudo que não está no RD, ou seja, o que está fora do seu controle, por exemplo, intempéries naturais;
   - Outros.

Serviço de transporte para participantes e convidados

A organização de um evento em um país de dimensões como o Brasil é uma tarefa bastante complexa, principalmente no que se refere a transportes. Portanto, para facilitar a participação dos interessados, deve-se buscar condições favoráveis nos meios de transportes aéreos, terrestres e hidroviários.

Atualmente, é comum a associação, empresa e/ou indústria promotora do evento negociar com uma companhia aérea os benefícios para o evento e para os participantes, tais como:

- Colaboração para distribuir material de divulgação (folhetos, cartazes e outros);
- Tarifas com descontos especiais para os participantes;
- Passagens de cortesia para os convidados e palestrantes;
- Fornecimento de material promocional e/ou administrativo, como: *shell-folder*, *shell-letter* e outros.

Dessa forma, a companhia aérea passa a ser denominada "transportadora oficial do evento".

Hoje, várias companhias já possuem departamento específico para atender a eventos em virtude da grande demanda desse segmento.

O procedimento descrito também pode ser adotado para empresas de transportes terrestres e hidroviários.

Além dos transportes que darão acesso à localidade-sede, os participantes necessitarão de transportes para circulação interna, ou seja, para traslados, como:

- Aeroporto/hotel;
- Hotel/local do evento;
- Para as atividades sociais e culturais;
- Local do evento/hotel;
- Hotel/aeroporto.

Esse serviço pode ser oferecido por intermédio da contratação de uma agência de turismo ou de uma transportadora turística.

Hospedagem para participantes e convidados

Fatores como a condição socioeconômica e cultural dos participantes e convidados devem ser considerados no planejamento de hospedagem de um evento.

Resumidamente, o planejamento de hospedagem segue o seguinte roteiro:

- *Escolha de hotéis*: após visitas, serão selecionados aqueles que atendam às características dos participantes;
- *Reserva antecipada ou bloqueio*: diante da expectativa do número de participantes, será negociado e bloqueado determinado número de apartamentos nos diversos hotéis, esperando que os participantes interessados confirmem presença. Caso isso não ocorra, esses apartamentos serão liberados pela organização do evento, em data previamente estabelecida pelo hotel;
- *Confirmação de reserva*: os participantes serão informados do custo das diárias dos hotéis selecionados, suas características físicas e orientados com relação à data-limite e ao procedimento para confirmação da reserva.

Programação social, cultural e turística

As atividades sociais, culturais e turísticas paralelas de um evento assumem grande parte da responsabilidade pelo "clima" que se deseja imprimir aos participantes.

Tais atividades podem ser dirigidas somente aos participantes ou aos acompanhantes ou aos dois públicos conjuntamente.

Para cada caso, deve-se planejar uma programação específica de acordo com o perfil do público-alvo.

Os programas sociais, culturais e turísticos mais comuns em eventos são: coquetéis, *shows*, teatros, *city tour*, saídas para compras, jantares, almoços e passeios noturnos.

Para elaborar a programação social, cultural e turística de um evento, alguns cuidados devem ser observados, tais como:

- Evitar atividades que coincidam com a programação científica e/ou técnica do evento;
- Não programar um grande número de atividades, para evitar o desgaste dos participantes;
- Programar as atividades em locais, horários e com duração que não prejudiquem a programação científica e/ou técnica.

Agência de turismo

Para facilitar e agilizar a prestação dos serviços de transportes, hospedagem, atividades sociais, culturais e turísticas é aconselhável a contratação de uma agência de turismo.

Recursos financeiros

O planejamento dos recursos financeiros de um evento pode ser definido por meio da previsão, da organização e do controle das entradas e saídas dos recursos.

- *Previsão financeira*: composta por receitas e despesas. Os itens de despesa devem ser claramente identificados e possuir custos de acordo com o preço do mercado. As fontes de receita devem ser analisadas criteriosamente;
- *Organização e controle*: busca harmonizar, dentro de determinado espaço de tempo, as entradas e saídas de numerário, de forma que o disponível seja, ao longo do período de organização, suficiente para cobrir despesas. Deve-se adotar também um critério de prioridades de despesas.

Os recursos financeiros procedem geralmente das seguintes fontes:

- *Recursos preexistentes*: para os eventos associativos, é a verba que a entidade promotora destina para as despesas iniciais;
- *Taxa de inscrição/ingresso*;

- *Doações*: contribuições provenientes de pessoas físicas ou jurídicas, que podem assumir as seguintes formas: dinheiro, materiais de consumo do evento, serviços (impressão, *buffet*, alimentação, hospedagem, anúncios e outros);
- *Patrocínio*: quando uma organização pública ou privada assume a responsabilidade total ou parcial dos custos da organização do evento;
- *Auxílios governamentais*: esta fonte pode ser de origem federal, estadual ou municipal, em que o órgão envolvido financia algum tipo de serviço ou material do evento, tais como: estadias, passagens, cartazes, folhetos, publicação de anais e outros;
- *Eventos paralelos*: atividades que poderão ser desenvolvidas antes ou durante o evento, com a possibilidade de uma fonte de renda;
- *Venda de espaço impresso*: também é uma fonte bastante significativa de receita para o evento;
- *Merchandising*: venda de materiais diversos, voltados para o público consumidor, de fácil aceitação pela possibilidade de seu uso (camisetas, bonés, chaveiros, cinzeiros, calendários e outros).

Não podemos esquecer que existem leis de incentivo à cultura que oferecem benefícios fiscais para o desenvolvimento de projetos culturais. Por exemplo, os eventos realizados na cidade de São Paulo podem beneficiar-se das seguintes leis:

- Lei Rouanet (Lei federal);
- Lei Estadual de Incentivo à Cultura – Linc;
- Lei Mendonça (Lei municipal).

Além da previsão e do planejamento financeiro, é necessário lançar mão de outros mecanismos, como o controle de livro-caixa, processo de pagamento, balancetes de verificação, aplicações, prestação de contas, para que se tenha um perfeito controle da "vida financeira" do evento.

Aspectos legais

O planejamento e a organização de eventos devem conhecer a legislação que rege a atividade eventos, para evitar alguns problemas de última hora que possam inviabilizá-los. A seguir encontram-se algumas legislações que direta ou indiretamente interferem no planejamento e organização de eventos.

a) Federal
- **Decreto n. 70.274,** de 9 de março de 1972: aprova as normas do cerimonial público e a ordem geral de precedência;
- **Lei n. 7.853**, de 24 de outubro de 1989: dispõe sobre o apoio às pessoas portadoras de deficiência, sua integração social, sobre a Coordenadoria Nacional para Integração da Pessoa Portadora de Deficiência (Corde), institui a tutela jurisdicional de interesses coletivos ou difusos dessas pessoas, disciplina a atuação do Ministério Público, define crimes, e dá outras providências;
- **Lei n. 8.069,** de 13 de julho de 1990: dispõe sobre o Estatuto da Criança e do Adolescente (ECA), e dá outras providências;
- **Lei n. 8.078**, de 11 de setembro de 1990: dispõe sobre a proteção do consumidor e dá outras providências;
- **Lei n. 9.610**, de 19 de fevereiro de 1998: altera, atualiza e consolida a Lei n. 5.988, de 14 de dezembro de 1973, sobre direitos autorais e dá outras providências.
- O Escritório Central de Arrecadação e Distribuição (Ecad) foi criado pela Lei n. 5.988 e mantido pela atual Lei n. 9.610;
- **Decreto n. 4.898,** de 26 de novembro de 2003: o decreto define que foram transferidos da Embratur – Instituto Brasileiro de Turismo, para o Ministério do Turismo – MTur as competências relacionadas ao cadastramento de empresas turísticas. Além disso, ficam transferidas as obrigações e os acervos técnico e patrimonial utilizados no desempenho das atividades;
- **Lei n. 10.741**, de 01 de outubro de 2003: dispõe sobre o Estatuto do Idoso, e dá outras providências;
- **Lei n. 11.771**, de 17 de setembro de 2008: dispõe sobre a Política Nacional de Turismo, define as atribuições do Governo Federal no

planejamento, desenvolvimento e estímulo ao setor turístico; revoga a Lei n. 6.505, de 13 de dezembro de 1977, o Decreto-lei n. 2.294, de 21 de novembro de 1986, e dispositivos da Lei n. 8.181, de 28 de março de 1991; e dá outras providências; essa lei também é conhecida como Lei Geral do Turismo.
+ **Portaria n. 127**, de 28 de julho de 2011: dispõe sobre a delegação de competência do Ministério do Turismo – MTur a órgãos da administração pública estadual, municipal e do Distrito Federal, para cadastramento, classificação e fiscalização dos prestadores de serviços turísticos.
+ **Portaria n. 130**, de 26 de julho de 2011: institui o Cadastro dos Prestadores de Serviços Turísticos Cadastur, o comitê Consultivo do Cadastur – CCCAD e da outras providências.

As legislações estaduais e municipais que serão apresentadas a seguir, a título de informação, referem-se ao estado de São Paulo e à cidade de São Paulo, mas fica o lembrete que tanto o promotor quanto o organizador de eventos devem conhecer a legislação dos estados e cidades-sede, onde irão realizar o seu evento.

b) Estadual

+ **Resolução SSP-122**, de 24 de setembro de 1985: Artigo 1º – Determina que as autoridades policiais militares, no exercício da polícia de manutenção da ordem pública, somente forneçam policiamento ostensivo para espetáculos públicos, mediante prévia vistoria das instalações dos estádios, ginásios, teatros ou recintos onde serão realizados, expressa em relatório;
+ **Resolução SSP-121**, de 09 de junho de 1995: dispõe sobre a fiscalização, fabricação, comércio e uso de fogos de artifícios e de estampido no Estado de São Paulo;
+ **Lei n. 9.250,** de 14 de dezembro de 1995: altera a Lei n. 7.645, de 23 de dezembro de 1991, que dispõe sobre a taxa de fiscalização e serviços diversos, e dá providências correlatas;
+ **Portaria n. PM3-001/02/96**, de 26 de setembro de 1996, do Comandante Geral, que disciplina o disposto na Resolução SSP-122/85, baixando instrução técnica para a realização das vistorias prévias, bem como o recolhimento da Taxa de Fiscalização e Serviços Diversos prevista no item "6.2" da Tabela "A" da Lei n. 7.645/91, com alteração

procedida através da Lei n. 9.250/95, em razão do emprego de policiamento ostensivo preventivo;
+ **Diretriz n. PM3-004/02/96:** estabelece normas de procedimento para a execução de vistorias prévias em locais destinados à realização de espetáculos públicos, culturais, desportivos ou artísticos e a cobrança da Taxa de Fiscalização e Serviços Diversos nos espetáculos públicos com fins lucrativos;
+ **Instrução Técnica n. CB 014/33/00,** de 30 de novembro de 2000: dispõe sobre o dimensionamento de Lotação e Saídas de Emergência em recintos de eventos desportivos e de espetáculos Artístico-Cultural;
+ **Lei n. 13.541**, de 7 de março de 2009: proíbe o consumo de cigarros, cigarrilhas, charutos, cachimbos ou de qualquer produto fumígeno, derivado ou não do tabaco, na forma que especifica;
+ **Lei n. 14.592**, de 19 de outubro de 2011: proíbe vender, ofertar, fornecer, entregar e permitir o consumo de bebida alcoólica, ainda que gratuitamente, aos menores de 18 (dezoito) anos de idade, e dá providências correlatas;
+ **Lei n. 767**, de 17 de agosto de 2011: dispõe sobre a exposição, nos locais que especifica, de bebidas alcoólicas, e dá outras providências;
+ **Decreto n. 57.524,** de 18 de novembro de 2011: regulamenta a Lei n. 14.592, de 19 de outubro de 2011, que proíbe a venda, a oferta, o fornecimento, a entrega e a permissão de consumo de bebida alcoólica, ainda que gratuitamente, aos menores de 18 (dezoito) anos de idade, e dá providências correlatas.

c) Municipal
+ **Decreto n. 34.569,** de 9 de outubro de 1994: Institui o Programa de Silêncio Urbano – PSIU, visando controlar e fiscalizar o ruído excessivo que possa interferir na saúde e bem-estar da população, e dá outras providências;
+ **Decreto n. 35.928,** de 6 de março de 1996: Reestrutura o Programa de Silêncio Urbano – PSIU, instituído pelo Decreto n. 34.569, de 9 de outubro de 1994, e dá outras providências;
+ **Lei n. 14.223**, de 26 de setembro de 2006: Dispõe sobre a ordenação dos elementos que compõem a paisagem urbana do Município de São Paulo. Essa lei também é conhecida como Lei da Cidade Limpa;

+ **Lei n. 01-00385**, de 17 de agosto de 2011: Estabelece a obrigatoriedade da afixação nas bilheterias, dos alvarás de funcionamento e laudos de vistoria técnica nos eventos e locais de diversões no âmbito do Município de São Paulo;
+ **Lei n. 01-00478**, de 6 de outubro de 2011: dispõe sobre a obrigatoriedade de disponibilização de lavatórios em feiras e eventos que comercializam alimentos para pronto consumo.

Obs.: Para saber quando é necessário ter alvará para a realização do evento, consultar o Contru – Controle Urbano – que é ligado ao Departamento de Controle de Uso de Imóveis, da Secretaria de Habitação.

Cronograma básico

Esse instrumento apresenta a distribuição ordenada das atividades e das providências dentro de determinado espaço de tempo, com datas previstas para início e término de cada tarefa.

O cronograma estabelece também responsabilidades de execução. O acompanhamento e a avaliação constantes do cronograma evitam e previnem erros durante o processo.

MODELO DE CRONOGRAMA

Evento _____

Cliente _____

Local _____

Data _____/_____/_____   Horário _____

Profissional responsável _____

Atividades	Data início	Data limite	Data final	Responsável	Observação
Planejamento					
Programação visual					
Divulgação					
Mailing list					
Organização					
Instalações físicas					
Recursos humanos					
Recursos materiais					
Recursos audiovisuais e equipamentos					
Avaliação					

Roteiro de projeto

Para o planejamento e a operacionalização de um evento, é primordial elaborar um projeto com informações básicas que direcionem o desenvolvimento das atividades necessárias à sua efetivação.

MODELO DE ROTEIRO DE PROJETO DE EVENTOS

1 – Título (nome do evento)
2 – Associação, empresa e/ou indústria promotora
3 – Entidade e/ou empresa organizadora
4 – Cidade-sede

5 – Local do evento
    5.1 – Nome
    5.2 – Endereço
    5.3 – Cidade e estado

6 – Tema do evento

7 – Objetivos (o que se pretende alcançar com o evento)
    7.1 – Geral
    7.2 – Específicos

8 – Justificativa (por que a realização do evento é importante)
9 – Público-alvo (perfil e número previsto de participantes)
10 – Descrição do evento
11 – Período de realização do evento e horário
12 – Programação preliminar do evento

13 – Taxa de inscrição e/ou ingresso
    13.1 – Ingresso (valores de acordo com o local)
    13.2 – Inscrição (gratuita e/ou preços previstos e prazos)
    13.3 – Outros.

14 – Recursos necessários
    14.1 – Recursos humanos
    14.2 – Recursos materiais (administrativo)
    14.3 – Materiais de divulgação
    14.4 – Recursos audiovisuais e equipamentos
    14.5 – Diversos

15 – Instalações (descrição e localização dos espaços físicos que serão utilizados pelo evento)
16 – Serviços (transporte, hospedagem, alimentação, sonorização, decoração e outros)
17 – Plano de divulgação e *marketing*

18 – Previsão orçamentária
    18.1 – Receitas
    18.2 – Despesas

19 – Cronograma
20 – Considerações gerais

Anexos:

+ Modelo de carta convite;
+ Modelo de material de divulgação;
+ Modelo de ficha de inscrição;
+ Modelo de certificado;
+ Modelo de formulários em geral;
+ Regulamento de funcionamento do evento;
+ Outros.

Instrumentos auxiliares e de controle do planejamento

Durante todas as fases do planejamento e da organização de um evento, são utilizados alguns instrumentos que auxiliam no controle e no desenvolvimento das atividades. Os instrumentos mais utilizados são *briefing, check list* e outros.

Briefing

Conjunto de informações e instruções facultadas com antecedência aos organizadores de evento sobre os aspectos mais relevantes do evento que será organizado.

MODELO DE *BRIEFING* DE EVENTOS

EMPRESA/CONTRATANTE
Razão social: _____   Endereço: _____   Fone: _____ Fax: _____   Contato: _____   Cargo: _____ Depto.: _____   Segmento de atuação da empresa: _____   Produto e/ou linha de produto ou serviço: _____

1 – EVENTO

1.1 – Título: _____

1.2 – Objetivo principal do evento (comemoração, reengenharia, científico, técnico, confraternização, promocional, institucional e outros):
_____

1.3 – Qual a tipologia do evento?
_____

1.4 – Há tema definido: ( ) Sim   ( ) Não
Caso a resposta seja afirmativa, qual é: _____

2 – PÚBLICO ALVO

2.1 – Perfil do público-alvo – sexo, faixa etária, escolaridade, nível socioeconômico, grau hierárquico:
_____
_____
_____

2.2 – Número estimado de participantes:
_____

2.3 – Qual a origem geográfica dos participantes?
_____

3 – DATA/DURAÇÃO
_____

4 – LOCAL

4.1 – Existe um local determinado para o evento:
( ) Sim   ( ) Não
Caso a resposta seja afirmativa, onde? _____
_____

5 – PROGRAMA

5.1 – Existe um programa preliminar do evento?

( ) Sim   ( ) Não

Caso a resposta seja afirmativa, anexá-lo.

6 – HOSPEDAGEM

6.1 – Inclui hospedagem: ( ) Sim   ( ) Não

6.2 – Qual a categoria dos hotéis a serem utilizados? _____

_____

7 – TRANSPORTE

7.1 – Qual o meio de transporte que será utilizado para esse evento?

7.2 – Existe empresa transportadora oficial do evento?

( ) Sim   ( ) Não

Caso a resposta seja afirmativa, qual? _____

_____

8 – SERVIÇOS

8.1 – O que será oferecido aos participantes:

( ) alimentação

( ) brindes

( ) traslados

( ) atividades sociais, culturais e turísticas

( ) outros. Especificar: _____

9 – CONVIDADOS E AUTORIDADES

9.1 – Quem são os convidados e as autoridades?

_____

9.2 – Qual o diferencial de serviços e as honras que serão oferecidas a eles?

_____

_____

10 – VERBA

10.1 – Existe verba prevista: ( ) Sim ( ) Não

10.2 – Qual o valor? _____

11 – COMISSÃO ORGANIZADORA

11.1 – Existe uma comissão organizadora?

( ) Sim   ( ) Não

11.2 – Quem são os contatos? _____

_____

_____

12 – IDIOMA
12.1 – Qual o idioma oficial do evento? _____

13 – DIVULGAÇÃO
13.1 – Como será feita a divulgação? _____
_____

13.2 – Quais veículos de comunicação serão utilizados? _____
_____

13.3 – Existe logotipo do evento?
( ) Sim   ( ) Não
Caso a resposta seja negativa, é necessário criar um logotipo para o evento.

13.4 – Criar material de divulgação de acordo com o tema e utilizar o logotipo e cores especiais.

14 – EQUIPAMENTOS
14.1 – Quais equipamentos audiovisuais e administrativos serão utilizados?
_____
_____
_____

15 – MATERIAIS
15.1 – Que materiais administrativos e do participante serão utilizados?
_____
_____
_____

16 – SERVIÇOS
16.1 – Quais serviços serão necessários?
( ) tradução simultânea;
( ) *buffet* para jantar e/ou almoço, coquetel, *coffee break* etc.;
( ) decoração;
( ) sonorização;
( ) filmagem;
( ) fotografia;
( ) outros. Especificar: _____

---

17 – RECURSOS HUMANOS

17.1 – Quantidade: _____

17.2 – Com que qualificação? _____
_____

17.3 – Para esse evento haverá a contratação de outros prestadores de serviços, como:

( ) agência de propaganda;
( ) serviços gráficos;
( ) assessoria de imprensa;
( ) agência de turismo;
( ) assistência médica hospitalar;
( ) transportadora rodoviária para traslados;
( ) seguro;
( ) outros. Especificar: _____
_____
_____

Esse instrumento é aplicado também em outras situações, quando se torna necessário esclarecer a alguém, resumidamente, do andamento do processo ou de qualquer problema que não está solucionado.

Check list

É uma relação de providências, tarefas ou necessidades do evento. Existem diversas formas de apresentação do *check list*, por exemplo, reunir as necessidades por ordem alfabética ou por grupos de atividades, setores de organização ou para circunstâncias específicas, tais como *check list* da secretaria do plenário, de programação social, de local do evento e outras.

MODELO DE *CHECK LIST*

Evento: Semana de Turismo

Local: auditório da instituição organizadora

Data: 23/09 a 27/09 de 2013

Horário: 19:30 às 22:30 horas

Responsável: João Carlos Azevedo

Discriminação	Unidade/setor	Responsável	Situação
1 – Reserva do local	Coordenação de curso	Carla Matos	Em andamento
2 – Reunião para montagem da comissão organizadora da semana	Coordenação de curso	Carla Matos	Ok
3 – Distribuição de atividades para as diversas comissões de trabalho	Coordenação geral do evento	Sandra Regina	Ok
4 – Definir tema e programação do evento	Comissão organizadora		
5 – Contatar empresas e/ou profissional autônomo para criação de material de divulgação	Comissão financeira, de divulgação e marketing		
6 – Buscar patrocínio e apoio cultural	Comissão financeira, de divulgação e marketing		
7 – Definição do material de divulgação	Comissão organizadora		
8 – Contratação de gráfica para a impressão do material de divulgação e administrativo	Comissão organizadora		
9 – Fazer listagem de convidados e palestrantes	Secretaria do evento		
10- Enviar carta convite para autoridades, palestrantes, diretoria da instituição e demais funcionários	Secretaria do evento		
11 – Fazer reserva de equipamentos de audiovisual no departamento responsável	Secretaria do evento		
12 – Fazer solicitação de serviço de copa (café, água e chá)	Secretaria do evento		
13 – Fazer solicitação de mobiliário ao departamento competente	Secretaria do evento		

Discriminação	Unidade/setor	Responsável	Situação
14 – Fazer *follow up* dos convidados, autoridades e outros.	Secretaria do evento		
15 – Fazer a divulgação na mídia	Comissão financeira, de divulgação e marketing		
16 – Fazer a divulgação do evento na instituição	Comissão financeira, de divulgação e marketing		
17 – Montar as pastas dos participantes e convidados	Comissão de recepção		
18 – Definição de recepcionistas e escala de trabalho	Comissão de recepção		
19 – Enviar solicitação de liberação de estacionamento para autoridades e convidados	Secretaria do evento		
20 – Elaborar carta de agradecimento para os palestrantes	Secretaria do evento		
21 – Providenciar os certificados dos participantes	Secretaria do evento		
22 – Definir mestre de cerimônia	Comissão organizadora		
23 – Treinar as recepcionistas	Coordenação geral do evento		
24 – Elaborar cartas de agradecimentos para os convidados, patrocinadores e a todos que colaboraram com o evento	Secretaria do evento		
25 – Convocar reunião de avaliação do evento	Coordenação geral do evento		
26 – Elaborar relatório de avaliação	Coordenação geral		

Per ou Transevento

Fase decisiva do evento, em que estão inseridos a coordenação executiva e o controle financeiro, técnico-administrativo e social do evento.

É o transcorrer das atividades, ou seja, a aplicação das determinações previstas no pré-evento, na qual todas as etapas do evento são acompanhadas mediante a aplicação do *check list* por área, conforme se descreve a seguir.

Secretaria do evento

Responsável por todo o apoio administrativo do evento, isto é, toda a infraestrutura necessária instalada no local, que apoiará, direta ou indiretamente, a realização do evento.

É o centro administrativo do evento, onde deverão ficar os recepcionistas, que, sob a orientação de um coordenador, terão como atribuições:

+ Recepcionar os participantes, convidados e autoridades;
+ Atender aos participantes (informações necessárias e provisão de materiais);
+ Atender ao plenário e às salas de comissões e apoiá-los;
+ Preparar com antecedência os impressos e outros materiais necessários ao evento;
+ Supervisionar os serviços oferecidos aos participantes, convidados e autoridades;
+ Efetuar novas inscrições;
+ Entregar materiais aos participantes;
+ Prestar informações em geral;
+ Entregar certificados;
+ Elaborar controles das tarefas sob sua responsabilidade;
+ Providenciar materiais para os palestrantes.

Serviço de recepção

O serviço de recepção de um evento é considerado o "cartão de visita", por ser o primeiro contato do participante com o "clima" do evento.

Seja qual for o caso, é imprescindível demonstrar alegria ao participante, dar importância à sua presença e transmitir o desejo dos organizadores de que ele encontre no evento motivos de grande satisfação.

O serviço de recepção pode ter postos de atendimento em aeroportos, hotéis e nos locais onde acontecem as atividades do evento.

Outros fatores de organização determinam o bom funcionamento desse serviço, tais como:

- Escolha e montagem em local apropriado;
- Placas de indicação;
- Informações corretas em tempo hábil;
- Elaboração de rol de informações importantes.

Para desempenhar a função de recepcionista, é necessário que se apresente algumas características: educação, simpatia, gentileza, eficiência, presteza, paciência, raciocínio rápido, bom nível de conhecimentos gerais e da cidade-sede do evento.

Os recepcionistas terão suas atribuições definidas pelos coordenadores e deverão apresentar-se da seguinte forma:

- Uniformizados;
- Com crachá de identificação;
- Identificação dos idiomas que dominam;
- Maquiagem discreta;
- Pouca joia e/ou bijuteria;
- Sapatos confortáveis.

"Clima" do evento

É percebido pelo estado emocional dos participantes, aspecto totalmente subjetivo que, se presente nos participantes, condicionará atitudes e opiniões com relação às atividades do evento. O "clima" é a qualidade de ambiente que se consegue criar para o evento, envolvendo os participantes.

Esse "clima" não será determinado por um único aspecto, mas sim pela somatória de todos os fatores que compõem a organização, estimulando a comunicabilidade pela exteriorização de atividades subjetivas, de reações inconscientes de ordem física, intelectual e, principalmente, emocional.

Utilizar-se de artifícios, como cartões de boas-vindas, hasteamento de bandeiras, cuidadoso esquema de recepção e de serviços pessoais, entre outros, colaboram na determinação do "clima" favorável.

Sala de recepção ou sala *VIP*

É o local onde autoridades, convidados especiais e palestrantes são recebidos pela comissão organizadora do evento. A sala de recepção deve apresentar as seguintes características:

- Proximidade do local do evento;
- Decoração agradável;
- Temperatura amena;
- Serviço de copa (café, água, refrigerante, biscoitos e outros);
- Acesso ao telefone.

Sala de imprensa

É o local montado e equipado para recepcionar a imprensa e fornecer as informações do evento. Nesse local, deverão ser realizadas as entrevistas coletivas, o encontro com os jornalistas para a distribuição do *briefing* do dia e da relação das autoridades presentes, convidados especiais e palestrantes.

A sala de imprensa é de responsabilidade da assessoria de imprensa, encarregada de coordenar os contatos que tratam de assuntos de divulgação do evento.

Esse local deverá estar devidamente equipado para atender às necessidades dos jornalistas no desempenho de seu trabalho, ou seja, deverá apresentar:

- Mesa de reunião e cadeiras para a realização de entrevistas;
- Mesas com cadeiras e computador com acesso à internet;
- Máquina copiadora (ou estar próximo de uma);
- Telefax (ou estar próximo de um);
- Linhas telefônicas (direta e ramais);
- Material administrativo (grampeador, furador, corretivo, lápis, caneta, papel sulfite, papel carta, borracha, elástico, grampos);
- Material de divulgação do evento;
- Material do participante para conhecimento;

- Press-kit (matérias do evento, fotos, programa, folhetos, *briefing*, relação das autoridades, convidados e palestrantes) para distribuir para a imprensa;
- Água e café.

Salas das comissões técnicas

De acordo com o porte do evento, é necessária a montagem de salas para discussão, deliberação, votação e aprovação de determinados aspectos ou para grupos de trabalhos, conforme subtemas do evento.

Geralmente, as comissões técnicas são constituídas de um presidente, um secretário e um relator.

O local destinado para abrigar esse tipo de função deve oferecer condições adequadas, permitindo o fluxo do seu desenvolvimento sem perturbar o andamento do evento como um todo.

Infraestrutura de apoio operacional

Refere-se a toda parte operacional do evento, ou seja, instalação física do local, material de secretaria, equipamentos audiovisuais e apoio logístico.

Instalações físicas

- Auditório, plenário ou salão;
- Ar-condicionado;
- Cadeiras do plenário;
- Mesa diretora;
- Mesas diversas de apoio;
- Poltronas para a mesa diretora;
- Pódio ou tribuna;
- Tablado e praticável;
- Máquina de xerox;

- Máquina calculadora;
- Aparelho de fac-símile (fax);
- Painel de fotos;
- Painel para recortes de jornais;
- Painel decorativo;
- Placas indicativas de mesa;
- Lâmpada de leitura para o pódio;
- Placas de identificação de local;
- Quadro de aviso;
- Aparelhos telefônicos.

Material de secretaria

Deve ser feito um *check list*, incluindo todo o material necessário de secretaria, como:

- Abecedário para divisão dos nomes dos participantes;
- Alfinetes, tachinhas e percevejos;
- Alfinetes e/ou cordão para crachá;
- Almofada para carimbo;
- Tinta para almofada de carimbo;
- Carimbos diversos;
- Borracha;
- Bloco para rascunho;
- Barbante;
- Fio de náilon;
- Crachás em branco;
- Caixa de papelão;
- Caixa de costura;
- Corretivo líquido;
- Canetas esferográficas de várias cores;
- Canetas para transparências;
- Canetas hidrográficas;
- Estojo de primeiros-socorros;
- Pincel atômico de várias cores;

- Tinta para pincel atômico;
- Cartões de visita (da associação, empresa e/ou indústria promotora, da empresa organizadora e outros);
- Cola, fita adesiva e fita crepe;
- Cartolina;
- Calendário;
- Clipe e elástico;
- Papel sulfite;
- Envelopes de vários tamanhos;
- Estilete;
- Etiquetas adesivas de vários tamanhos;
- Fósforos;
- Furador;
- Grampeador e grampos;
- Tesoura;
- Outros.

Equipamentos audiovisuais

Os equipamentos audiovisuais que serão utilizados no evento são identificados conforme as necessidades dos palestrantes e do evento em geral. Os equipamentos mais solicitados são:

- Projetor de eslaides;
- Projetor de filmes;
- Retroprojetor;
- Televisão;
- Tela para projeção;
- Gravador;
- CDs/DVDs para gravação;
- Aparelho de som;
- Amplificador;
- CD de música ambiente;
- Microfones (lapela, mesa, pedestal e sem fio);
- *Flip chart*;

+ Lousa magnética;
+ Canetas e pincéis para lousa magnética;
+ Extensão de várias metragens;
+ Benjamins;
+ Microcomputador;
+ *Datashow*.

Para o bom desenvolvimento das atividades, é aconselhável que seja feito um levantamento da voltagem do local do evento e que todos os aparelhos sejam testados antes de serem utilizados.

Apoio logístico

Em eventos, chamamos de apoio logístico todos aqueles outros materiais necessários para a realização do evento, que não se enquadram nos itens descritos anteriormente, tais como:

+ Bandeira, mastro e ponteira;
+ Cinzeiro;
+ Corda divisória de ambiente;
+ Fita (verde-amarela para Inauguração e abertura de outros tipos de Eventos);
+ Jornais diários;
+ Livro de presença;
+ Outros.

Infraestrutura de apoio externo

Dentro do apoio operacional, caso o porte do evento assim exija, deverá funcionar o apoio externo no aeroporto, no hotel, na programação social, cultural e turística e nos traslados.

Aeroporto

Essa área deverá contar com instalações especiais do evento e possuir recepcionistas para:

- Receber cordialmente os convidados e participantes;
- Auxiliá-los no desembarque de bagagens;
- Indicar o meio de transporte que os levará ao hotel e encaminhá-los a ele;
- Informar sobre os horários e locais em que sairão os meios de transporte para o local do evento;
- Fornecer qualquer informação sobre a cidade e o evento e resolver imprevistos.

Para executar bem sua função, o recepcionista deverá ter:

- Listagem dos convidados e participantes esperados;
- Planilha dos voos aguardados;
- Crachá de identificação com o seu nome e o do evento;
- Placa de identificação com o nome do convidado ou do evento;
- Cartão telefônico ou telefone celular;
- Verba para alguma eventualidade (em dinheiro ou cheque);
- Relação de hotéis (nome, endereço e telefone) onde ficarão hospedados os convidados e participantes;
- Identificação dos idiomas que domina;
- Fluência no idioma dos convidados e participantes;
- Informações sobre o evento (folhetos);
- Informações úteis e de emergência (telefones de hotéis alternativos, pronto-socorro, polícia, bombeiro, endereços de restaurantes ou lanchonetes próximos, farmácias etc.);
- Informações turísticas e mapa da cidade;
- Endereço e telefone do local do evento;
- Nome e telefone de contato dos organizadores do evento.

Hotel

O evento deverá manter, nos hotéis onde estão hospedados os participantes, os convidados e as autoridades, um posto de informação com identificação e recepcionista, que terá como atribuições:

+ Recepcionar os visitantes;
+ Alojá-los de acordo com as reservas;
+ Providenciar o envio da bagagem para os quartos;
+ Resolver qualquer imprevisto (mal-estar, perda de bagagem, troca de apartamentos);
+ Auxiliá-los durante sua permanência no evento, fazendo a ligação com os responsáveis pelas áreas de aeroporto, programação social, cultural e turística, transporte e outras;
+ Informá-los sobre as saídas dos traslados para o local do evento, minutos antes da partida.

Para o bom desempenho das suas atribuições, o recepcionista deverá ter:

+ Relação dos participantes hospedados no hotel;
+ Relação de autoridades, convidados e palestrantes hospedados em outros hotéis;
+ Material sobre o evento;
+ Informações sobre o aeroporto, a programação social, cultural e turística e o transporte;
+ Programação noturna da cidade;
+ Informações turísticas e mapa da cidade;
+ Lista de telefones e endereços úteis.

Programação social, cultural e turística

As pessoas encarregadas dessa atividade devem fazer uma programação antecipada e contratar pessoal preparado para desenvolvê-la ou uma agência de turismo.

As suas atribuições são:

+ Tratar os participantes com amabilidade;
+ Ter conhecimento da programação social, cultural e turística (quer ela seja direcionada aos participantes, acompanhantes ou seja comum a todos);
+ Ter conhecimento do itinerário a ser percorrido pelo ônibus, enfocando os pontos turísticos;
+ Conhecer os equipamentos do ônibus;
+ Coordenar os horários de chegada e saída das atividades da programação;
+ Comunicar aos participantes o número de identificação do seu ônibus ou alertá-los sobre isso (placa ou qualquer outro tipo de identificação);
+ Lembrar aos participantes que não esqueçam objetos pessoais no ônibus.

No caso de acompanhamento a locais de compras, indicar o melhor, mas se manter sempre neutro. Nas programações noturnas, ser amável, cordial, porém nunca se envolver com nenhum participante.

Serviços de transportes

Geralmente, em um evento, existem vários ônibus realizando o serviço de traslado.

Os responsáveis por esse setor deverão elaborar programação diária dos itinerários que serão realizados, escalar os recepcionistas, bem como fornecer equipamentos para comunicação, como rádios.

As condições para os recepcionistas que atuam nesse setor são:

+ Estar uniformizados e identificados com crachá do evento;
+ Verificar o credenciamento dos participantes;
+ Ter telefone, endereço e nome do contato da empresa prestadora de serviço;
+ Estar de posse de equipamento para comunicação, como rádio ou telefone celular;

- Ter em seu poder a programação dos transportes para os eventos constantes da programação oficial e social, cultural e turística;
- Ter conhecimento de primeiros-socorros (para caso de acidente ou mal-estar);
- Conhecer a equipe de motoristas;
- Ter facilidade para providenciar veículos fora do esquema da programação, caso ocorra algum imprevisto;
- Possuir estojo de primeiros-socorros.

Tradução simultânea

Se o evento for internacional, com delegações de vários países, há a necessidade de tradução simultânea, que pode ser de dois tipos: português/inglês e português/outros idiomas, conforme o idioma dos participantes. O primeiro caso é simples e exige somente uma cabine de tradução com dois tradutores/intérpretes trabalhando em regime de rotatividade. O segundo exige a montagem de várias cabines com a designação do idioma interpretado (pode ser bandeira ou qualquer outro símbolo) pelos profissionais que nela atuarão.

A transmissão da palestra é feita por meio de um canal, para diversos receptores, através de fones de ouvido. Existem empresas especializadas neste tipo de serviço, cabendo, portanto, à organização do evento a devida contratação.

Funciona da seguinte forma:

1. Para retirar o fone de ouvido, o participante deverá apresentar um documento;
2. O participante retira o fone de ouvido de acordo com o idioma escolhido;
3. O documento do participante fica retido e guardado em um miniarquivo com índice alfabético até a devolução do fone de ouvido;
4. O participante devolve o fone de ouvido e recebe seu documento de volta.

Pesquisa de opinião

Esse tipo de pesquisa deve ser realizado para que o promotor e o organizador do evento possam identificar quais foram os pontos fortes e fracos do evento. Isso possibilita que os pontos de estrangulamento sejam corrigidos nos próximos eventos, o que proporcionará aos participantes qualidade na prestação dos serviços e elevado grau de satisfação.

MODELO DE QUESTIONÁRIO DE AVALIAÇÃO

1. Como você qualifica o evento quanto a:				
a) Programação:				
	Ótimo	Bom	Regular	Ruim
Temas/assunto				
Conferências				
Trabalhos apresentados				
Projetos				
Debates				
Carga horária				
b) Organização:				
	Ótimo	Bom	Regular	Ruim
Secretaria				
Coffee break				
Instalações				
Sinalização de acesso				
Informações				
Material oferecido				
Pontualidade				
Recepção				
Equipamentos				
c) Serviços				
	Ótimo	Bom	Regular	Ruim
Transporte de acesso à cidade				
Hotéis				
Alimentação				
Entretenimento				
Traslados				
Transportes urbanos				

	Ótimo	Bom	Regular	Ruim
Segurança				
Limpeza pública				
Estacionamento				
Informações turísticas				

2. Na sua opinião:
a) O que foi melhor no evento?
_____
_____

b) O que foi pior no evento?
_____
_____

3. Como você ficou sabendo do evento?
(   ) Folheto
(   ) Cartaz
(   ) Mala direta
(   ) Televisão: _____
(   ) Jornal: _____
(   ) Revista: _____
(   ) Rádio: _____
(   ) Indicação de amigos
(   ) Outros: _____

4. O que você sugeriria para o próximo evento em termos de:
a) Temário: _____

b) Palestrantes: _____

5. Qual a atividade profissional que exerce?
_____

6. Cidade e estado onde reside: _____
_____

7. Observações e sugestões:
_____
_____
_____

Pós-evento

Após a realização do evento, inicia-se o processo de encerramento, que consiste na avaliação técnica, administrativa e dos participantes. Isto é, ocorre a confrontação dos resultados esperados com os obtidos, possibilitando identificar os pontos positivos e negativos do evento.

Para a efetivação dessa fase, são necessários alguns instrumentos de controle, que foram utilizados durante a organização do evento, tais como:

- Formulários de procedimentos formais;
- *Check list*;
- Relatórios periódicos das atividades;
- Atas das reuniões periódicas;
- Questionários de avaliação dos participantes;
- Outros.

As principais rotinas que devem ser efetuadas no pós-evento são as referentes ao serviço de secretaria, divulgação do pós-evento e serviços complementares.

Serviços de secretaria

- Preparar e enviar correspondência final (para entidades governamentais e/ou privadas, empresas e pessoas que tenham participado, de forma direta ou indireta, do evento);
- Controlar, arquivar e encadernar toda a correspondência enviada e recebida no transcorrer do evento;
- Agradecer a todos que forneceram materiais ou colaboraram para o sucesso do evento;
- Preparar relatório final sobre as atividades em geral;
- Providenciar a edição e a publicação dos anais (é aconselhável que os anais fiquem prontos antes do evento, para serem colocados na pasta do participante, evitando despesas com correio);
- Enviar os anais aos participantes do evento;
- Elaborar portfólio.

Divulgação do pós-evento

É a compilação e a preparação de notícias gerais sobre todo o transcorrer do evento, seus resultados e objetivos alcançados para remessa à mídia impressa e eletrônica de expressão. As principais atividades referentes a essa etapa são:

+ Preparação do noticiário geral;
+ Expedição dos *press releases*;
+ Compilação e ordenação de todos os *press releases* publicados;
+ Cálculo de toda a centimetragem publicada;
+ Apresentação dos relatórios finais e de todas as fases de divulgação.

Serviços complementares

+ Apresentar o balanço financeiro final e fazer prestação de contas;
+ Apresentar balancete administrativo e demonstrativo de todas as providências tomadas;
+ Liquidar todas as pendências que possam surgir sobre instalações, materiais, recursos humanos ou equipamentos utilizados;
+ Devolver à associação, empresa e/ou indústria promotora do evento todos os materiais que tenham sobrado;
+ Desmontar instalações que foram efetuadas para o evento;
+ Transportar materiais e equipamentos utilizados no evento para seus locais de origem.

Análise e avaliação

Avaliar é fundamental para o aprimoramento da organização de um evento. Periodicamente, os trabalhos desenvolvidos para um evento devem ser avaliados por meio de reuniões com o grupo envolvido. A base para tais avaliações está no cronograma básico, que determina tarefas, estabelece responsabilidades e prazos, facilitando o processo e também o *check list*, pois este apresenta o desenvolvimento de todas as atividades do planejamento.

Outro elemento importante para o processo de avaliação é a opinião das pessoas que compõem o grupo de trabalho. Portanto, são aconselháveis reuniões periódicas com os envolvidos no planejamento e na organização do evento.

No final do evento, a equipe deve reunir-se para avaliá-lo como um todo, até mesmo os resultados obtidos.

Outro ponto importante nesse processo é a avaliação que os participantes fazem do evento por intermédio de respostas a um questionário de pesquisa de opinião aplicado durante o evento conforme modelo apresentado anteriormente (p. 194). O resultado da tabulação indicará até que ponto os objetivos iniciais foram atingidos. Nesse questionário, o participante não se identifica, o que lhe permite externar sua opinião sem constrangimento sobre todas as áreas da organização, tais como: transporte, hospedagem, recepção, secretaria, alimentação, local do evento, programação e temário, equipamentos, materiais etc.

Resumo

O planejamento e a organização de eventos são o primeiro esforço organizacional, que engloba todas as etapas de preparação e desenvolvimento do evento. As fases componentes do processo de planejamento e organização são: concepção, pré-evento, per ou transevento e pós-evento. Todas as etapas e providências referentes a essas fases foram descritas detalhadamente neste capítulo.

Exercícios

1. A cidade de São Paulo sediará um Encontro Estadual de Secretários de Turismo, em um período de três dias, que contará com cerca de 500 participantes, dos quais 70 virão acompanhados. Os principais atrativos turísticos da cidade são:
   - Museu de Arte de São Paulo – Masp;
   - Memorial da América Latina;
   - Pinacoteca do Estado de São Paulo;

- Museu de Arte Sacra;
- Parque do Ibirapuera;
- Instituto Butantã;
- Cidade Universitária;
- Outros.

Além dessas opções, a cidade possui excelente oferta de restaurantes, entretenimento e lazer e vários *shopping centers*.

Com base no apresentado acima, responda às seguintes questões:

a. Que atividades sociais, culturais e turísticas você sugeriria para os acompanhantes dos participantes?
b. Quais veículos de comunicação você utilizaria para divulgar o evento?
c. Quais seriam os potenciais patrocinadores do encontro?

2. Quais os principais tipos de instrumentos de controle que podem ser utilizados no processo de planejamento e organização de eventos? Qual é a importância desses instrumentos nesse processo?
3. Quais os cuidados que devem ser observados ao contratar e planejar os serviços de transporte para um evento?
4. Quais são as características que uma localidade deve apresentar para sediar um evento?

Considerações finais

Evento é uma atividade econômica e social que surgiu praticamente com a civilização humana e que caminha paralelamente a ela, adquirindo características representativas de cada período da nossa história, até chegar aos tempos modernos e à forma como é conhecida hoje.

A atividade eventos, como é tratada atualmente em todas as suas fases, desde a concepção da ideia, o planejamento e a organização, a realização, a avaliação e o encerramento, representa um grande estímulo para a economia de uma localidade. Isto é, envolve um grande número de agentes econômicos, o que dinamiza e incrementa as atividades econômicas, ocasionando:

- Aumento de receita;
- Aumento do número de empregos (diretos e indiretos);
- Criação de novas profissões;
- Ampliação da arrecadação de impostos;
- Melhora na capacitação de mão de obra empregada no setor;
- Redistribuição da renda individual, local e regional;
- Outros.

Diante desse quadro, acreditamos estar contribuindo para o desenvolvimento da atividade com esta obra, que traz informações importantes sobre o assunto e apresenta, de forma detalhada, procedimentos e técnicas de como planejar e organizar eventos.

O conteúdo deste livro pode auxiliar e orientar profissionais que queiram enveredar por esse caminho tão fascinante, como também pode complementar os conhecimentos daqueles que já atuam na área.

Este trabalho pode ser utilizado ainda para cursos de graduação de Turismo, Relações Públicas, Hotelaria, Secretariado Executivo e outros, por abordar assuntos bastante específicos ministrados nestes cursos.

Referências bibliográficas

ANDRADE, José Vicente. *Turismo: Fundamentos e Dimensões*. São Paulo: Ática, 1992.

[ABBTUR] ASSOCIAÇÃO BRASILEIRA DE BACHARÉIS EM TURISMO. Pesquisa nos arquivos da entidade nos referidos anos.

AUGUSTE, Jardé. *Grécia Antiga e a vida grega*. São Paulo: Edusp, 1997.

BANCO SANTANDER. *Seguros: RD equipamentos*. Disponível em: http://www.santander.com.br/portal/gsb/script/templates/GCRequest.do?page11918. Acessado em: 23/06/2009.

BARBEY, Heloisa. *A Cidade Exposição: comércio e cosmopolitismo em São Paulo, 1860-1914*. São Paulo: Edusp, 2006.

BARRETTO, Margarita. *Manual de Iniciação ao Estudo do Turismo*. Campinas: Papirus, 1995.

BENÉVOLO, Leonardo. *História da Arquitetura Moderna*. São Paulo: Perspectiva, 1976.

BRASIL. Ministério da Indústria e Comércio. *Feiras e Exposições*. Brasília, s.d.

_____. Ministério do Turismo – Instituto Brasileiro do Turismo – Embratur. *Município: Potencial Turístico*. Brasília, 1992.

_____. Ministério do Turismo – Instituto Brasileiro do Turismo – Embratur. *A Indústria do Turismo no Brasil antes e depois de Fernando Henrique Cardoso, 1995-1999*. Brasília, 1999.

_____. Ministério do Turismo – Instituto Brasileiro do Turismo – Embratur. *Estudo da Demanda Turística Internacional, 1997*. Brasília, 1998.

_____. Ministério do Turismo – Instituto Brasileiro do Turismo – Embratur. *Estudo da Demanda Turística Internacional, 1998*. Brasília, 1999.

_____. Ministério do Turismo – Instituto Brasileiro do Turismo – Embratur. *Estudo de Demanda Turística Internacional 2000*. Brasília, 2001.

_____. Ministério do Turismo – Instituto Brasileiro do Turismo – Embratur. *Estudo de Demanda Turística Internacional 2001*. Brasília, 2002.

_____. Ministério do Turismo – Instituto Brasileiro do Turismo – Embratur. *Estudo de Demanda Turística Internacional 2002*. Brasília, 2003.

_____. Ministério do Turismo – Instituto Brasileiro do Turismo – Embratur. *Estudo de Demanda Turística Internacional 2003*. Brasília, 2004.

_____. Ministério do Turismo – Instituto Brasileiro do Turismo – Embratur. *Estudo de Demanda Turística Internacional 2005-2007*. Brasília, 2008.

_____. Ministério do Turismo – Instituto Brasileiro do Turismo – Embratur. *Evolução do Turismo no Brasil 1992-2001*. Brasília, 2002.

_____. Ministério do Turismo. *Relatório de Atividades do Ministério do Turismo – Síntese*. Brasília, 2005.

_____. Ministério do Turismo – Instituto Brasileiro do Turismo – Embratur. *Há 40 Anos divulgando a melhor imagem do Brasil*. Brasília, 2006.

_____. Ministério do Turismo. *Turismo no Brasil: realizações e perspectivas*. Brasília, 2007.

_____. Ministério do Turismo. *Resultados da Promoção do Brasil no exterior 2006/2007*. Brasília, 2008.

_____. Ministério do Turismo. *19º Relatório de Atividades do Ministério do Turismo: novembro de 2007 a fevereiro de 2008*. Brasília, 2008.

_____. Ministério do Turismo – Instituto Brasileiro do Turismo – Embratur. *Anuário Estatístico 2000*. Brasília, 2001.

_____. Ministério do Turismo – Instituto Brasileiro do Turismo – Embratur. *Anuário Estatístico 2002*. Brasília, 2003.

_____. Ministério do Turismo – Instituto Brasileiro do Turismo – Embratur. *Anuário Estatístico 2003*. Brasília, 2004.

_____. Ministério do Turismo – Instituto Brasileiro do Turismo – Embratur. *Anuário Estatístico 2004*. Brasília, 2005.

_____. Ministério do Turismo – Instituto Brasileiro do Turismo – Embratur. *Anuário Estatístico 2005*. Brasília, 2006.

_____. Ministério do Turismo – Instituto Brasileiro do Turismo – Embratur. *Anuário Estatístico 2006*. Brasília, 2007.

_____. Ministério do Turismo. *Promoção do Destino Brasil – 3 anos de Estruturação e Desenvolvimento do Turismo Brasileiro 2003-2004-2005*. Brasília, 2006.

_____. Ministério do Turismo. *12º Relatório de Atividades – Ministério do Turismo*. Brasília, 2006.

_____. Ministério do Turismo – Instituto Brasileiro do Turismo – Embratur. *Anuário Estatístico 2007*. Brasília, 2008.

_____. Ministério do Turismo – *Anuário Estatístico 2008*. Brasília, 2009.

_____. Ministério do Turismo – Instituto Brasileiro do Turismo – Embratur. *Estatísticas Básicas do Turismo*. Brasília, 2008.

_____. Ministério do Turismo – *Anuário Estatístico 2012*. Brasília, 2012.

_____. Ministério do Turismo – Instituto Brasileiro do Turismo – Embratur. *Pesquisa do Impacto Econômico dos Eventos Internacionais realizados no Brasil 2007/2008*. Brasília, 2008.

_____. Ministério do Turismo – Instituto Brasileiro do Turismo – Embratur. *Estatísticas Básicas de Turismo*. Brasília, 2010.

_____. Ministério do Turismo – Dados do Turismo Brasileiro 2010. Brasília, 2011.

_____. Ministério do Turismo – Estudo de Demanda Turística Internacional 2004 a 2010. Brasília, 2011.

_____. Presidência da República/Casa Civil. Lei n. 8.666, de 21 de junho de 1993. Brasília, DF. 1993.

BUENDÍA, Juan Manuel. *Organización de reuniones, convenciones, congresos e seminarios*. México: Trillas, 1991.

CARVALHO, Marcelino. *Guia das Boas Maneiras*. São Paulo: Nacional, 1987.

CESCA, Cleuza G. Gimenez. *Organização de Eventos: manual para planejamento e execução*. São Paulo: Summus, 1997.

COSTA, Aloysio Teixeira. *Como Organizar Congressos e Convenções*. São Paulo: Nobel, 1989.

DIAS, Célia Maria Moraes. *Evolução, caracterização e perspectivas da hotelaria: um estudo compreensivo*. São Paulo, 1990. Dissertação (mestrado). Escola de Comunicações e Artes da Universidade de São Paulo.

DOMINGUES, Celestino M. *Dicionário Técnico de Turismo*. Lisboa: Dom Quixote, 1990.

[EMBRATUR] EMPRESA BRASILEIRA DE TURISMO. *Manual de Orientação para Captação de Eventos*. Brasília, 1995.

_____. *Política Nacional de Turismo: Diretrizes Básicas: 1996-2002*. Brasília, 1996.

ESTEVES, Tiago da Cunha. *ICCA: Setor associativo internacional continua resiliente*. Disponível em: http://www.publituris.pt/2012/05/16/icca-sector-associativo-internacional--continua-resiliente/. Acessado em: 4 mar. 2013.

FERNANDES, Dirce Lorimie. *O Fenômeno Inquisitorial na América: Normas e práticas inquisitoriais na Nova Espanha e na América Portuguesa*. São Paulo, 1999. Tese (doutorado). Faculdade de Filosofia, Letras e Ciências Humanas da Universidade de São Paulo.

[FIPE] FUNDAÇÃO INSTITUTO DE PESQUISAS ECONÔMICAS. *Estudo de Mercado Interno de Turismo – 2001*. São Paulo, 2002.

_____. Caracterização e desenvolvimento do turismo doméstico no Brasil, São Paulo, 2009.

[FIPE/EMBRATUR] FUNDAÇÃO INSTITUTO DE PESQUISAS ECONÔMICAS/ INSTITUTO BRASILEIRO DE TURISMO. *Caracterização e Dimensionamento do Turismo Doméstico no Brasil – 2006*. Brasília, 2006.

FISCHER, Bárbara. *1415: O reformador Jan Hus é morto na fogueira*. Disponível em: http://www.dw-world.de/dw/article/0,319545,00.html. Acessado em: 7/6/2009.

FÓRUM BRASILEIRO DOS CONVENTION AND VISITORS BUREAUX. *Dimensionamento Econômico do Setor de Eventos no Brasil*. Brasília, 2002.

FUNDAÇÃO PADRE ANCHIETA. TV Cultura. *Programa Retrospectiva sobre as Copas do Mundo*. São Paulo, 1999.

FÚSTER, Luís Fernández. *Introducción a la teoria y técnica del turismo*. Madrid: Alianza, 1985.

GIÁCOMO. Cristina. *Tudo acaba em festa*. São Paulo: Página Aberta, 1993.

GORDANICH, Karin Leyser et al. *Turismo de Eventos*. Porto Alegre: SEBRAE/RS, 2000.

HOUAISS. Antonio. *Dicionário Houaiss da Língua Portuguesa*. Rio de Janeiro: Objetiva, 2001.

[IBGE] INSTITUTO BRASILEIRO DE GEOGRAFIA E ESTATÍSTICA. *Economia do Turismo: uma perspectiva macroeconômica 2003 – 2009*. Rio de Janeiro, 2010.

[ICCA] INTERNATIONAL CONGRESS AND CONVENTION ASSOCIATION. *The International Meetings Associton*. Amsterdam, 1998.

_____. *The International Meetings Association*. Amsterdam, 2000.

_____. *Membership Directory 2002-2003*. Amsterdam, 2003.

_____. *The Internacional Association Meeting Market 2007*. Amsterdam, 2008.

_____. *The Internacional Association Meeting Market: Country and city ranking 2007*. Amsterdam, 2008.

_____. *The Internacional Association Meeting Market 2008*. Amsterdam, 2009.

Statistics Report 2000 – 2010. Amsterdam, 2011

_____. *Statistics report 2002-2011*. Amsterdam, 2012.

LAGE, Beatriz H. G.; MILONE, Paulo César. *Economia do Turismo*. Campinas/SP: Papirus, 1991.

LIMA, Daniel; MAXIMO, Wellton. *Ministério do Turismo e Esporte sofreram os maiores cortes no Orçamento*. Disponível em: http://www.agencia brasil.gov.br/noticias/2009/03/30/materia.2009-03-30.7314651015/view. Acessado em: 31/5/2009.

LOPES, Ana Patrícia Quaresma. *Exposições universais parisienes oitocentistas*. Coimbra: FCTUC, 2007.

MAGALLÓN, Tonatiuh Cravioto. *Organizacion de congresos y convenciones*. México: Trillas, 1991.

MARVIN, Perry et al. *Civilização Ocidental: uma história concisa*. São Paulo: Martins Fontes, 1985.

MEIRELLES, Gilda Fleury. *Tudo sobre eventos*. São Paulo: Editora STS, 1999.

MIYAMOTO, Massahiro. *Administração de Congressos Científicos e Técnicos: assembleia, convenção, painel, seminário e outros*. São Paulo: Pioneira/Edusp, 1987.

MONTGOMERY, Rhonda J.; STRICK, Sandra K. *Meetings, Conventions, and Exposition: an Introduction to the Industry*. New York: Van Nostrand Reinhold, 1994.

NAKAME, Andréa. *Técnicas de Organização de Eventos*. Rio de Janeiro: Infobook, 2000.

NICHOLS, Barbara. *Gerenciamento Profissional de Eventos*. Trad. Milena Carvalho. Org. Sabino Henrique E. de Carvalho. Fortaleza: Êxito Congressos, 1993.

[OMT] ORGANIZAÇÃO MUNDIAL DO TURISMO. *Compêndio de Estatísticas del Turismo 1992-1996*. Madrid, 1998.

_____.UNWTO Tourism Highlights, 2012 Edition. Madrid, 2012.

_____.UNWTO World Tourism Barometer. Madrid, 2012.

_____. *Anuario estadístico del Turismo*. Madrid, 1998a. Disponível em: www.festasregionais;com/turismo/estatisticas. Acessado em: 7/9/2003.

_____. *Introdução a Metodologia da Pesquisa em Turismo*. São Paulo: Roca, 2005.

ROCHE, Maurice. *Mega Events and urbana policy – Annals of Tourism Research*. New York: Pergamon Tress, 1994.

ROSTOVZEFF, M. *História de Roma*. Rio de Janeiro: Zahar, 1983.

SANTOS, Juliana. *Seguro de Eventos – como proteger seu investimento (Palestra)*. Evento Meeting Fácil. São Paulo, 2007.

SANTOVITO, Tereza Cristina; MATIAS, Marlene. *Introdução às Técnicas de Organização de Eventos*. São Paulo, 1990.

SÃO PAULO (Município). *Anhembi Turismo e Eventos da Cidade de São Paulo S/A. Plano Municipal de Turismo 1999-2001*. São Paulo, 1999.

SÃO PAULO CONVENTION & VISITORS BUREAU. *Fundação 25 de Março, suas atividades e perfil do Organizador de Eventos*. São Paulo, 1990.

SENAC SÃO PAULO. *Organização de Eventos*. São Paulo, 2007.

SILVA, Vania da. *John Wycliff*. Disponível em: http://www.sepoangol.org/ wycliffe.htm. Acessado em 7/6/2009.

SIMÕES, Roberto Porto. *Relações Públicas: função política*. São Paulo: Summus, 1995.

SIMÕES, Vinicius. *A Graça dos Concilio Ecumênicos*. Disponível em: http://www.rccrj.org.br/index.php?option=com_content&view=article&id=769:a-gra-dos-concios-ecumicos. Acessado em: 7/6/2009.

SOLDANO, Ângelo. *Carta do Cardeal ao Arcebispo de Cosença – Bisignano, D. Giuseppe Agostino por ocasião do VIII Centenário da Morte de Joaquim de Fiore*. Disponível em: http://www.vatican.va/roman_curia/secretariat_state/ documents. Acessado em: 8/6/2009.

TRIGO, Luiz G. G. *Cronologia do Turismo no Brasil*. São Paulo: CTI/Terra, 1991.

VASCONCELOS, Marco Antônio S. de et al. *Economia Brasileira Contemporânea*. São Paulo: Atlas, 1996.

Sites

Presidente da Embratur apresenta Plano Aquarela em Foz. Disponível em: http://www.h2foz.com.br. Acessado em 10/5/2009.

Calculando o Impacto Econômico de Megaeventos Esportivos. Disponível em: http://www.goldengoal.com.br/br/index.htm. Acessado em 10/5/2009.

http://www.portalbonito.com.br/home/home.asp. Acessado em 10/5/2009.

http://wikipedia.org/wiki/concilios_ecumenicos_catolicos. Acessado em 8/6/2009.

http://www.pt.wikipedia.org/wiki/concilios_ecumenicos_catolicos.Acessado em 7/6/2009.

http://blog.cancaonova.com/dominusvobiscum/2007/04/30/iv-concilio-de-latrao/. Acessado em 7/6/2009.

http://www.bestsports.com.br. Acessado em 8/5/2009.

http://www.forumsocial.mundial.org.br. Acessado em 8/5/2009.

http://www.untwo.org.br. Acessado 8/5/2009.

http://www.planejamento.gov.br/secretaria.asp?cat=50&sub=218&sec=8. Acesso em 6/7/2012.

htpp://www.dadosefatos.turismo.gov.br/dadosefatos/demanda_turistica/internacional. Acesso em 30/6/2012.

http://www.forumsocialmundial.org.br. Acesso em 2/7/2012.

http://www.jmjbrasil.com.br/jmj/. acesso em 2/7/2012.

Copa de 2014 – Seminário Embarque no Turismo, Brasília, 9 de junho de 2010. Disponível em: http://www.turismo.gov.br/ /seminario_embarque_no_turismo_DF_09. Acesso em 6/7/2012.

https://consulta.tesouro.fazenda.gov.br/confins/dotacao_vs_desp_orgao_custeio_inv_prot.asp. Acesso em 6/7/2012.

http://www.abav.com.br/eventos.aspx?id_area=20. Acesso em 5/12/2012.

WTTC: Viagens e turismo ainda forte, apesar da imagem global econômica incerta. Disponível em: http://www.wttc.org/news-media/news-archive/2012/wttc-travel-tourism--still-robust-despite-uncert. Acesso em 12/12/2012.

Índice remissivo

A

Aço 24
Administração 148
Administração de contratos 151
Agência de turismo 168, 169, 181, 192
Agência de viagem 44, 52, 102, 158
Agentes de viagens 51
Agricultura 22
Albergues 6
Albigenses 13
Ano Internacional da Juventude 37
Arianos 8
Arquitetura 24, 33
Aspectos legais 171
Assembleia 120
Associação 138
Associação Brasileira de Agências de Viagens (Abav) 44
Associação, empresa e/ou indústria promotora 129, 132, 135, 137, 141, 143-4, 149, 151, 160, 166-7, 176
Atividades Características de Turismo (ACT) 86
Atividades técnicas e científicas 160
Atividade turística 31
Atletas 31
Automóvel 6

B

Bispos 11
Book 139, 141
Brainstorming 120
Briefing 144, 177-8, 186-7
Brunch 120

C

Campo de Marte 26
Cantador 40
Captação de eventos 55, 137-8, 140-2
Cardeais 12, 121
Carnaval 4, 40
Castelos 4
Celibato 11
Centros de convenções 44, 54, 55, 137, 139
Champ de Mars 23
Champs-Elysées 24
Check list 177, 181-3, 188, 197, 199
Cidade-sede 98, 103, 141, 158, 172, 176, 185
Classificação 117-8, 127, 157
Classificados 119
Clero 11, 15
Clientela flamenga 17
Colóquio 120
Comerciantes 19, 42
Comunicação 6, 21, 117, 140, 142, 161-3, 200
Conceito 59-60, 117, 144
Concepção 155, 199, 201
Concílio 5, 7, 9, 13, 15-6, 20, 120
Conclave 13, 40, 121
Concorrência 144, 152
Concreto armado 24
Concurso 121, 145
Conferência 55, 121, 124, 195
Conferência de Paz 21
Congresso 4, 20, 32, 54, 121-2, 137-8
Congresso científico 20, 121
Congressos técnicos 121

Conquistadores 18
Contadores de histórias 40
Contrato 143, 148-50, 152
Contrato de administração 152
Contrato de empreitada 149, 152
Contrato misto 148, 150, 152
Contratos de administração 150
Convenção de Paris (1928) 27-8
Convenções 32, 52-5, 98, 122
Convention Bureau 53
Copa das Confederações 35
Copa do Mundo 33-6, 44, 56
Coquetel 122, 180
Cristianismo 4

D

Debate 122
Desenvolvimento sustentável 49
Desfile 122
Diofisismo 10
Dogmas 15, 20
Donatismo 8
Doutrina 15

E

Ecumenismo 21
Educadores de surdos 21Í
Emissores 101, 105
Empreitada 148, 150
Empresa organizadora 151
Empresa organizadora de eventos 103, 135, 141, 143, 145-6, 148, 151-2, 166
Empresas 129
Empresas e/ou indústrias promotoras 132
Encontro 122, 199-200
Entidade e/ou empresa organizadora 176
Entidades 52, 55, 57, 59, 73, 103, 140-1, 160
Entrevista coletiva 122
Escritório de convenções 52
Espaços 31
Espaços de eventos 4
Esporte 35, 60
Estacionamento 32, 196
Estádio do Maracanã 44
Estádios 30

Estados receptores 105
Estalagens 6
Estratégias 129
Estrutura jurídica 131-2, 135
Evento 4, 10, 13, 17, 20-2, 24, 26, 29, 31-40, 42-4, 47, 49, 51-2, 54, 56-7, 60, 73, 76, 80, 83-4, 86, 98, 100-3, 107-8, 117-20, 122-3, 125-7, 132-5, 137-41, 144, 148-9, 155-66, 167-74, 176-8, 181, 183-7, 189-94, 197-201
Evento de turismo 43
Eventos associativos 132, 134
Eventos científicos 6, 20-1
Eventos comerciais 17
Eventos corporativos 132-5
Eventos de associações 135
Eventos e convenções 98
Eventos esportivos 6, 44
Eventos internacionais 39, 73, 75-9, 81-3, 85, 101, 137, 140-1
Eventos religiosos 5
Eventos técnicos 6
Expos 27
Exposições 22-4, 27, 32, 41-2, 52-3, 55, 123-4, 166
   agroindustriais 42
   internacionais 41
   mundiais 25, 56
   universais 6, 24, 26, 28

F

Fascismo 34
Fases do planejamento e da organização 177
Fé 15
Feira 5, 17-20, 22, 26, 36, 40, 42, 55-6, 123, 166, 174
   especial 28
   geral 28
   industrial 22
   comercial 17, 19
   de amostras 6, 31-2
   mundial 123
Ferro 24, 26
Festas Saturnálias 4
Fifa 35
Fórum 123
Fórum Social Mundial (FSM) 38-9

G

Ginásios 30
Grand Palais 26
Grand Tour 5

H

Happy hour 123
Heliporto 32
Hereges 12
Heresia 8-10, 12
História da civilização 4
Hospedagem 179
Hospitalidade 3
Hotéis-cassinos 43

I

Iconoclasta 10
Idade média 4-5, 17, 20, 22, 40, 56, 57
Idiossincrático 29
Igreja 4, 7, 11-2, 14-5
Imprensa 31, 164-6, 181, 186
Inclusão social 49
Indústrias 129
Infalibilidade pontifícia 20
Instrumentos auxiliares e de controle 177
Intercâmbio 18, 54
IV Centenário da Fundação de São Paulo 48

J

Jogos Olímpicos 3, 4, 29-31, 34, 36, 56, 61, 85
Jogos Pan-Americanos 36
Jornada 123
Jornada Mundial da Juventude 36, 38
Juventude 36

L

Lazer 60, 98, 119, 123, 200
Legislação 171-2
Licitação 144-5, 147, 152
Linguagem gestual 21
Linguagem oral 21
Louvre 23

M

Maniqueístas 10

Máquina a vapor 6
Marketing 61, 84-5, 88, 109-10, 112, 119, 139, 158, 161
Megaevento 119, 123-4
Meios de hospedagem 6, 29, 31
Mercado 17, 20
Mercado internacional 18
Mercadores ambulantes 19
Mesa-redonda 124, 126
Monofisismo 9
Monofisistas 10
Monotelismo 10
Mosteiros 4
Mostra 124
Muçulmanos 13, 14

N

Navegadores 18
Negócio 60, 98, 104
Novo testamento 9

O

Oficina 124
OMT 60-1
Ordem dos Templários 14
Organismos 52, 59
Organização de evento 141, 143, 153, 155-7, 160, 167, 169, 171
Organização Mundial do Turismo *ver* OMT
Organizações 23, 131, 201
Organizações não governamentais 38
Organizações promotoras de eventos 131, 135
Organizador do evento 101, 177, 195
Origem 4, 36, 40, 56-7, 178

P

Painel 124
Palácio das Convenções do Anhembi 49
Palácio de Cristal 24, 26
Palestra 124
Papa 7, 20, 37, 121
Parque do Ibirapuera 48
Pavilhões de feiras e exposições 40
Pavilhão de feiras 24, 32, 48
Pelagianismo 9
Pentacampeão 34
Periodicidade 23

Permanência média 96
Per ou Transevento 155, 183, 199
Petit Palais 26
Place de la Concorde 23
Planejamento 201
Planejamento e organização de eventos 199-200
Poeta popular 40
Pós-captação 137, 141
Pós-evento 155, 197-9
Pré-evento 155-7, 183, 199
Preparação da captação 137, 142
Previsão orçamentária 149, 176
Primeira Guerra Mundial 21, 31, 53
Priscilianismo 9
Priscilianistas 10
Processo de planejamento 155
Produção industrial 22
Produto turístico 47, 109
Projeto 157-8, 175, 195
Projeto de eventos 157, 176
Promoção 61
Promotoras de eventos 129
Protestantismo 15

R

Receita 62, 64, 66, 68
Recursos audiovisuais 163
Recursos financeiros 170
Recursos humanos 134, 144, 181, 198
Recursos materiais 164
Recursos orçamentários 108-9, 111
Relações étnicas 21
Representações teatrais 5, 7, 17
Restaurantes 32
Revolução Francesa 26
Revolução Industrial 6, 22, 27, 56, 57
Riqueza 18
Roadshow 125
Roda de negócios 124
Rotas mercantis 18
Rotunda 26

S

Sala de recepção 186
Salão 125
Santíssima Trindade 10
Saúde 60
Segmento eventos 53, 54

Segunda Guerra Mundial 21, 36, 43, 57
Segurança 34, 165-6, 196
Seguro 164, 166-7
Semana 125
Seminário 125, 137
Setor de eventos 57
Showcase 140
Showcasing 125
Silvicultura 22
Simpósio 125, 126, 137
Sinalização 166

T

Teatro medieval 17
Teleconferência 126
Temário 160
Teologia 15
Testes canônicos 9
Tetracampeã 35
Tipologia 117, 119, 158, 178
Tirador de quadras 40
Torre Eiffel 26
Transitário 164, 166
Transporte 6, 21, 29, 31, 158, 167-9, 176, 179, 191, 193
Turismo 3, 4, 6, 20, 44, 49, 52, 59, 60-1, 64, 71-2, 86-7, 123-4, 141
  de eventos 3, 4, 6, 20, 22, 24, 26, 31, 36, 40, 43, 49, 52, 54, 56, 59-60, 69, 76
  de lazer 5, 6, 98
  de negócio 56
  doméstico 104, 106, 108, 112
  internacional 61-3, 65, 66, 69, 85, 88, 96
Turistas 17, 60-2, 64, 67, 69, 73, 85, 90, 96, 98, 100-1, 104-5, 112

V

Valdenses 13
Viagem 24, 98, 102
Videoconferência 32, 126
Vidro 24, 26
Vila olímpica 30
Visita ou *open day* 126

W

Workshop 124, 126